Beniamino Di Martino

STATO E COVID

Minaccia alla libertà

Prefazione di Aldo Maria Valli

Monolateral

Stato e Covid. Minaccia alla libertà

ISBN: 978-1-946374-24-0 (brossura)
ASIN: B0BFL3QWCM (Kindle)

Prima edizione: settembre 2022

Copyright © 2022 Beniamino Di Martino

Testo composto in carattere Warnock Pro

Logo bioazzardo: vecteezy.com

Monolateral™
Richardson, Texas (USA)
https://monolateral.com
editore@monolateral.com

Indice

Stato e Covid

Minaccia alla libertà

Prefazione

LE EPIDEMIE, O LE PANDEMIE, vanno e vengono. Nella storia ce ne sono state tante e anche quella del Covid se ne andrà. Ma noi, dopo, come saremo?

Già adesso vediamo che non siamo più gli stessi. «Andrà tutto bene» si leggeva sui cartelli, all'inizio. Non è andato tutto bene. Non siamo diventati migliori. Anzi.

Il virus si indebolirà e si stancherà di inseguirci. Ma dentro di noi resteranno le scorie. Morali, politiche, culturali, sociali.

Quanto a scorie, noi italiani dovremo smaltirne più di altri, perché qui la paura ha agito di più. Qui il terrore è stato sparso e utilizzato alla grande, senza limiti, senza pudore.

Bisognerà ragionare su tutto ciò che è successo, sul come, il quando e il perché. Il compito spetta agli uomini di buona volontà. Che saranno dipinti, e già ora lo sono, come pazzi complottisti. Ma non importa. L'analisi andrà fatta. Lo dobbiamo prima di tutto a noi stessi, alla nostra dignità di persone e cittadini. E poi ai nostri figli e nipoti, nella speranza che avranno ancora la possibilità di interrogarsi.

Durante la cosiddetta pandemia abbiamo assistito alla liquidazione dei principali diritti di libertà, con interi sistemi politici che hanno virato da un giorno all'altro verso il totalitarismo. La Salute, trasformata in un assoluto, è diventato il Moloch al quale sacrificare tutto. E lo Stato ha assunto la forma del Leviatano che tutto controlla e tutto stabilisce, eliminando ogni spazio di libertà responsabile. Il cittadino è diventato suddito. Un suddito-paziente, bisognoso delle cure dello Stato-medico.

La società è stata divisa tra buoni e cattivi, tra virtuosi e reprobi. Nuove forme di razzismo — bisogna chiamare le cose con il loro nome — sono tornate a imperversare. L'odio sociale, alimentato ad arte, ha colpito senza pietà, senza ritegno.

La narrativa dominante ha contribuito in modo determinante a creare una cappa di terrore, con tutte le conseguenze del caso. Di fronte a una tale miscela, chi ha preteso di continuare a fare uso della ragione, magari illuminata dalla fede, è stato immediatamente catalogato come nemico ed emarginato. L'obbligo vaccinale è stato l'ultimo anello della catena di coercizione.

Il vero morbo, quello della paura, ha potuto impazzare perché il terreno era stato preparato a dovere. Ben pochi si sono interrogati sui diritti di libertà. La libertà non è sembrata importante. «Prima la salute!» è stato lo slogan. Scientismo e riduzionismo hanno imperversato. Abbiamo accettato di essere ridotti a organismi unidimensionali, preoccupati solo dell'immunizzazione. «Ci siamo suicidati per paura di morire» come scrive don Beniamino Di Martino.

Ragioni di speranza? Non si pecca di visionarietà mettendo in luce la rete di rapporti e di resistenza che si è venuta a creare spontaneamente tra coloro che, nonostante tutto, hanno trovato il modo di non portare il cervello all'ammasso. Quelli che Giuseppe Prezzolini chiamava gli "apoti", ovvero coloro che non se la bevono, non se la sono bevuta nemmeno questa volta. Resistere, dunque, si può, anche nelle condizioni più difficili. Anche quando ti tolgono il lavoro, anche quando cercano di fare di te un essere detestabile.

Il prezzo, per molti, è stato ed è salato. Ma spesso è proprio nel momento della prova che i caratteri e le sensibilità producono il meglio. I poteri che orientano il Nuovo Ordine Mondiale, illiberale e antidemocratico, sono convinti di aver messo a segno un punto decisivo: è stato dimostrato che la virata autoritaria, in nome dello stato d'eccezione, può avvenire rapidamente e con un'estensione senza precedenti. Ma forse non possono cantare completamente vittoria. I testimoni della verità e della libertà non si sono lasciati piegare del tutto. Molti, andati metaforicamente nel bosco, hanno allacciato amicizie, alimentato una narrazione alternativa, tenuto acceso il fuoco dei diritti di libertà.

Il pandemonio pandemico ha diviso profondamente la società, i gruppi, le parrocchie, le famiglie stesse. Le ferite non si rimargineranno facilmente. Forse non guariranno mai. Per i credenti il dolore è stato reso più acuto dall'atteggiamento di uomini di Chiesa che hanno vergognosamente svenduto la *libertas Ecclesiae* per mostrarsi più realisti del re. Nell'opera di ricostruzione bisognerà partire dai fondamentali: la persona che viene prima dello Stato, il bilanciamento fra i poteri, l'esecutivo che va rimesso al suo posto, il parlamento che deve ritrovare dignità, la politica che non può lasciarsi svuotare da una presunta scienza che è superstizione. Lavoro immenso, ma andrà fatto. E allora leggere l'opera di don Beniamino Di Martino sarà necessario e utile. Ci ricorderà che non tutti accettarono di lasciarsi ridurre a uomini a una dimensione. Ci darà consolazione e coraggio. Il coraggio della libertà.

*Aldo Maria Valli**

* Giornalista, già vaticanista del TG1 della RAI, cura attualmente il blog «Duc in altum» ed è autore di numerosi libri sulla Chiesa cattolica e la Santa Sede.

Introduzione

NELLE ULTIME SETTIMANE del 2020 veniva dato alle stampe (una volta così si diceva) un voluminoso libro di riflessioni sulla situazione generata dal Coronavirus. Vi avevo lavorato nella seconda metà di quell'anno, quel 2020 che sarà, per molto tempo, inevitabilmente ricordato come l'anno dell'inizio dell'infezione.

Le considerazioni contenute in quel testo ed ora riassunte in queste pagine ruotavano intorno alla preoccupazione per la libertà individuale che appare il malato più grave della pandemia. Ciò non comporta negare l'emergenza sanitaria, ma suggerisce di rivolgere l'attenzione verso un'altra emergenza – a volte occulta e troppo spesso disconosciuta, ma ancor più pressante – qual è quella determinata dall'ulteriore accrescimento dell'invadenza dello Stato in ogni aspetto della vita personale.

Come quello, anche questo, quindi, non è un libro sul virus, ma sull'uomo o, piuttosto, sull'uomo in società in rapporto al virus. Per le informazioni di carattere infettivologico, virologico, immunologico, epidemiologico e medico bisognerà certamente attingere altrove perché in queste pagine lo sguardo è rivolto ai molteplici campi della vita umana, naturalmente consociata, ed investita dalla pandemia.

Come per il volume del 2020, anche in questo testo, le riflessioni risultano raggruppate in base ad alcuni aspetti chiave, così che dall'ambito politico si passa a quello economico per imbattersi, poi, nelle considerazioni geo-ideologiche e concludere con l'ambito teologico.

L'idea originaria alla base del lavoro del 2020 era quella di offrire un'immediata serie di stimoli in contro-tendenza rispetto ad un "pensiero unico" che il frangente sanitario aveva ulteriormente consolidato facendo del "politicamente corretto" il primo virus da riconoscere e da contrastare. Ma se, inizialmente, mi riproponevo di limitarmi a dare migliore forma e maggiore consistenza ai miei *post* sui *social*, la stesura ha, presto, assecondato il desiderio di ampliare i primi spunti e di estendere ampiamente le annotazioni. Rapidamente, quindi, queste divagazioni assunsero un'estensione notevole e non programmata.

Ora, grazie al generoso e convinto impegno di Rosa Castellano che si è fatta carico di riassumere le numerose e fitte pagine del volume del 2020, quell'intento originario viene recuperato e riproposto.

Se, allora, l'attuale *Stato e Covid. Minaccia alla libertà* intende garantire una lettura più scorrevole, fluida e veloce, il richiamo e il rinvio a *Libertà e coronavirus. Riflessioni a caldo su temi sociali, economici, politici e teologici* – questo è il titolo del testo scritto tra l'estate e l'autunno del 2020 – si presenta come utile per tutti coloro che preferissero innanzitutto confrontarsi con le più ampie riflessioni lì contenute, ma che ricercassero anche il dettagliato riscontro delle fonti e delle citazioni.

Ad attraversare le pagine di entrambi i testi è, comunque, la preoccupazione verso il centralismo politico e l'interventismo statale che, ancora una volta, riescono a produrre più danni e più vittime di qualsiasi calamità, pandemia compresa.

1

Il virus del politicamente corretto. Considerazioni sociali

L'umanità e le epidemie

TRE SONO LE GRANDI SCIAGURE contro le quali l'uomo ha sempre chiesto l'aiuto di Dio: la guerra, la fame e la peste. La peste era l'epidemia per eccellenza ed ogni forma di terribile malattia ignota nelle cause e dai rimedi sconosciuti. «*A bello, fame et peste, libera nos Domine!*» hanno implorato generazioni di uomini terrorizzati dall'esperienza di questi tre flagelli.

Una calamità simile si è abbattuta sul mondo sul finire dell'anno 2019 a partire da una provincia della Cina. Si tratta della diffusione di un virus che causa infezioni nell'apparato respiratorio, virus appartenente alla famiglia della Sindrome Respiratoria Acuta Grave (SARS). Per la caratteristica forma a coroncina visibile al microscopio, i virus che fanno parte di questa famiglia, sono stati chiamati "coronavirus".

Il contagio del coronavirus propagatosi dalla Cina ha, purtroppo, costituito solo l'ultima delle epidemie che – è il caso di dire – hanno piagato popolazioni ed hanno piegato civiltà. Alcune di esse, le più catastrofiche, si sono fissate nell'immaginario dei popoli e nella memoria della storia.

Da martedì 11 febbraio (anno 2020), giorno in cui si è data la denominazione internazionale al virus, tutti capiamo a cosa ci si riferisce quando si parla di Covid e da mercoledì 11 marzo, giorno in cui è stata ufficialmente (e ipocritamente) dichiarata la pandemia, tutti sappiamo cosa sia un'epidemia che investe l'intero pianeta.

Devo aver letto da qualche parte che quel che con enfasi viene definita la "comunità scientifica" (concetto pericoloso come tutti gli enti collettivi) aveva espresso più volte in tempi recenti la consapevolezza di una probabile pandemia di malattie respiratorie. È vero che dopo l'evento tutti si atteggiano a profeti incompresi ed inascoltati, ma è anche vero che non era comunque difficile sommare due elementi chiari non solo agli scienziati: da un lato le ricorrenti epidemie a cui l'umanità non è mai riuscita a sottrarsi e, dall'altro, la mobilità oggi forte come non mai. La combinazione di questi due elementi poteva far interrogare tanti non sul "se", ma sul "quando" sarebbe scoppiata un'epidemia globale.

A rendere plausibile la domanda concorreva e concorre anche la saggezza di chi sa pesare l'ineluttabilità delle sciagure naturali che si abbattono da sempre sull'umanità, inesorabilmente posta «in questa valle di lacrime», come ripete la preghiera cristiana.

E tuttavia non è, quindi, tanto la sorpresa che deve indurre a riflettere (perché non sono mancate né previsioni né simulazioni di scenari) quanto l'insufficienza di ogni dispositivo di prevenzione. Ciò non per invocare maggiori apparati pubblici o organizzazioni internazionali (e qui iniziamo ad entrare nella particolare "prospettiva" delle considerazioni che andrò proponendo), ma per giungere alla consapevolezza che, per un verso, i sinistri, piccoli o grandi che siano, sono inevitabilmente parte della condizione umana (e qui la riflessione non può che farsi teologica) e, dall'altro, per orientarsi una buona volta a percorrere la strada della responsabilità individuale dopo aver costatato il clamoroso insuccesso di ogni apparato statale e sovrastatale.

Il virus dell'ideologia

Se grandi sono stati i danni prodotti all'umanità dalle malattie infettive e da ogni genere di epidemie, vi è un virus massimamente nocivo le cui conseguenze sono addirittura peggiori rispetto alla perdita della pur preziosa salute corporale. Esso attacca le facoltà razionali – vera dote dell'essere umano e autentico patrimonio dell'uomo – rendendole utilizzabili solo in modo meramente strumentale ed indebolendole sino a paralizzare quasi del tutto l'esercizio del giudizio e del discernimento. Per quanto ancora non sia stato sufficientemente isolato, è sempre stato possibile accedere – anche se non senza fatica, asperità e contrasti – al vaccino. Questo virus non si estinguerà mai e per quanto sempre presente in forma endemica – sin dal momento in cui l'uomo provò a rendersi pari a Dio impossessandosi delle chiavi «della conoscenza del bene e del male» – in alcuni periodi si è sviluppato con rivoluzionaria pervasività e con capacità di contagio davvero strabiliante ed impressionante. La carica tossica può raggiungere livelli di ineguagliabile velenosità, ed anche a causa delle ridotte difese immunitarie di cui l'uomo dispone, questo virus si presenta ad alta letalità. Sto parlando del virus dell'ideologia.

Di questa si son date molte definizioni. Quella che sembra più pertinente delinea l'ideologia in questo modo: una visione deformata della realtà, una concezione precostituita del mondo che costringe a piegare la realtà in base ad uno schema che non si deve mai mettere in discussione; anziché adeguare le proprie idee alla realtà, la realtà è sottomessa alle proprie opinioni.

Per provare a manipolare la realtà, oltre a negarne l'oggettività, l'ideologia deve anteporsi ai fatti. È vero che quando lo schema mentale degli ideologi vuole imporsi sulla natura, la conseguenza è sempre la miseria e la rovina.

Se è vero che il pregiudizio può compromettere una valutazione realistica del pericolo costituito dal virus, è ancor più vero che il rischio maggiore è quello di concedere – magari perché soggiogati dalla paura – allo Stato prerogative salvifiche e risanatrici.

Occorre, a questo punto, soffermarsi su ciò che abbiamo già chiamato in causa: lo Stato.

È tutt'altro che univoco il significato da dare al concetto e i ricorrenti fraintendimenti stanno a dimostrare quanto sia controversa la natura di ciò che chiamiamo "Stato". Secondo il paradigma che facciamo nostro, lo Stato non coincide né con il governo né con la mera autorità perché se è vero che non vi è Stato senza queste due funzioni, è anche vero che governo e autorità possono sussistere indipendentemente dallo Stato e, anzi, anche contro lo Stato. Se è vero che ogni Stato è teso sempre al governo, è anche vero che non ogni governo assume necessariamente la forma di Stato. Per quanto controversa, la definizione di Stato che assumiamo è quella che vede in esso non ogni forma di organizzazione politica, ma quella nella quale il governo si ritiene eticamente autosufficiente ed auto-fondato rispetto sia ai postulati della sua autorità sia alla produzione della legislazione. Si potrebbe dire che se non ogni governo è Stato, lo Stato (autoritario o democratico che sia) è quel governo che si considera assoluto.

Tanto meno lo Stato coincide con il popolo, con la società o con la nazione perché queste sono realtà originarie e naturali. Il principio dell'autogoverno si basa fondamentalmente sulla possibilità reale di scegliere; è, questo, un principio avverso a quello su cui si fonda la sovranità dello Stato che impone obblighi politici irrevocabili. Perciò un'organizzazione sociale essenzialmente basata sull'autogoverno è sostanzialmente differente da ciò che chiamiamo Stato. E se è vero che l'"autogoverno" è condizione di buon governo, lo Stato comporta sempre un "cattivo governo" perché restringendo le libertà individuali inibisce le migliori possibilità di sviluppo.

Non definiremmo sufficientemente lo Stato se non lo qualificassimo anche come governo illimitato. Se lo Stato è un governo senza limiti, può esservi, al contrario, un governo che non è "Stato" perché opera in modo limitato. Infatti se lo Stato è inevitabilmente e sempre un governo – una forma di governo – non ogni governo diviene necessariamente "Stato". Vi può essere, infatti, un governo che concepisce il proprio ruolo in modo limitato, in un modo, cioè, strettamente funzionale alla tutela del diritto alla vita, alla libertà ed alla difesa della proprietà. Diversa è, invece, l'attività dello Stato che concepisce il proprio potere tendenzialmente in modo assoluto e totale, non limitato neanche dalle leggi naturali ed anzi spesso in aperta contraddizione con queste.

Se ad apice ed esito del processo ideologico si pone il social-comunismo, accanto alla più gravosa forma di ordine politico che si sintetizzerebbe nella sostituzione dell'individuo con la collettività e della libera scelta con lo Stato, l'ideologia si manifesta in modalità minori e, per così dire, "artigianali" ogni qual volta ci si lascia guidare dal pregiudizio. Si tratta di un'inclinazione quanto mai radicata nell'animo umano al punto da poter far coincidere quest'attitudine con ciò che teologicamente si chiamerebbe predisposizione al peccato. E se il maggiore peccato corrisponde alla presunzione di non peccare, «ritenere di non avere pregiudizi è il più comune dei pregiudizi» (Nicolás Gómez Dávila).

Certamente il pregiudizio ha avuto una parte rilevante in questa pandemia. La ha avuta sia nella direzione dell'allarmismo sia nella direzione opposta del negazionismo. Chi se ne è fatto carico – in ambedue le posizioni – ha, comunque, adottato toni apocalittici.

Tuttavia non c'è stata solo certa speculazione propria dell'apocalittica ambientalista. Infatti, tanto tra coloro che sono rimasti terrorizzati dal pericolo del contagio, quanto tra coloro che hanno gridato al complotto (complotto ordito o da chi, per mire politiche, avrebbe ispirato ad arte una sopravvalutazione del rischio o da parte di entità che criminalmente avrebbero tratto vantaggio dalla diffusione del pericoloso virus), molti sono rimasti prigionieri di uno schema che potremmo, appunto, definire "apocalittico". Da un lato la tendenza ad enfatizzare a tal punto la cautela da sottovalutare tutte le altre conseguenze provenienti dalla paralisi delle attività, dall'altro la tendenza o a sovrastimare le capacità di immunità o a minimizzare la carica virale del Covid. Due esagerazioni, quella del salutista e quella del negazionista: chi ha chiesto misure sempre più rigide perché sempre insoddisfatto di quelle decretate e chi, invece, ha giudicato l'emergenza un enorme raggiro, una farsa colossale. Due esagerazioni che, sotto l'aspetto psicologico, contrappongono chi è caduto in paranoia per timore del contagio e chi ha preferito non-sapere rifugiandosi in un'apparente tranquillità.

Abbiamo introdotto il tema del pregiudizio per poter capire se salutisti terrorizzati e negazionisti complottisti siano accomunati da fanatismo (i primi imponendo misure ultra-restrittive, i secondi rivendicando il diritto ad una totale autonomia). Un fanatismo che, sebbene su posizioni contrapposte, unisce massimalisti allarmisti in nome della sicurezza sanitaria e minimalisti riduttivisti in nome del timore di una cospirazione in danno delle libertà di movimento. Gli uni e gli altri, gli inetti acritici e gli ostinati ipercritici, associati nel condividere, ciascuno a modo proprio, scenari apocalittici tra devastazioni epidemiologiche e cospirazioni internazionali. Se ai primi va fatto presente che non si può andare oltre le raccomandazioni sanitarie per la necessaria cautela, ai secondi si dovrebbe chiedere di aprire gli occhi e ammettere l'esistenza di un pericolo reale.

Un criterio può dettare il modo con cui prendere le distanze dai due atteggiamenti estremi; si tratta di un concetto ben più profondo rispetto a come il termine viene quotidianamente utilizzato. Mi riferisco alla prudenza. Per spiegare a cosa alludo è necessario attingere a ciò che la vita cristiana chiama la virtù della prudenza. Il catechismo del passato ricordava le virtù cardinali proprie del cristiano (così chiamate perché costituiscono «il cardine e il fondamento delle virtù morali»); tra queste, la prima ad essere menzionata è la virtù della prudenza così definita: «la prudenza è la virtù che dirige ogni azione al debito fine, e però cerca i mezzi convenienti affinché l'opera riesca in tutto ben fatta, e quindi accetta al Signore».

Penso, infatti, che la questione dell'epidemia debba essere affrontata senza ideologia e senza preconcetti, ma con sano realismo, in buona misura coincidente con la richiamata virtù cristiana della prudenza.

Quanto ai negazionisti, non ne va trascurata la crescita numerica, probabilmente causata anche dagli errori di tanti impropri provvedimenti governativi. Se certamente è una propensione saggia quella di prendere con circospezione e cautela le informazioni quando queste appaiono scontate e incontrovertibili solo perché la loro linea, più che preponderante, appare unica, è anche vero che ciò che si contesta deve essere confutato con ragionamenti seri per non contrapporre a preconcetti di un tipo preconcetti di altro tipo.

A differenza dello spirito americano che reclama l'ordine naturale della società, le manifestazioni continentali nostrane hanno avuto un sapore sovversivo teso a rivendicare un diverso statalismo piuttosto che la dissoluzione dell'arbitrio dello Stato. Accanto e parallelamente alla distinzione tra governo e Stato, occorre ribadire la complementare differenza tra Stato e autorità: se il primo rappresenta un'autorità innaturale, non ogni autorità coincide con il concetto di Stato. Esistono, infatti, le autorità naturali – prima tra tutte quelle familiari, come già accennavo – che, non a caso, sono le prime vittime e i bersagli preferiti – perché ad esso direttamente concorrenziali – dello Stato.

Ebbene, avendo ben chiara la distinzione tra governo e Stato o tra autorità e Stato, possiamo ora interrogarci su una questione di grande rilevanza morale e politica: la liceità dell'imposizione di comportamenti tesi a limitare il contagio. Muovo da alcuni presupposti: il coronavirus esiste e l'epidemia è qualcosa di serio. Ritengo che vi siano buoni motivi per agire con grande cautela e che il dubbio spinga a favore di comportamenti restrittivi. Le troppe zone d'ombra sul virus rendono opportuna la prudenza. Ancora troppe sono le domande che non hanno risposta. Provoca conseguenze a lungo termine? Persiste sulle superfici? Anche al di là di un relativamente basso indice di mortalità, chi si esporrebbe al rischio del contagio di un agente virale poco conosciuto e certamente pericoloso? Ed estremamente contagioso. Detto questo, anticipo ciò che più avanti sosterrò con altrettanta consapevolezza e cioè sia che l'azzeramento del rischio è un'illusione sia che un grado ragionevole di rischio è sempre connesso con le attività umane ed in particolare con quell'indispensabile attività umana che è il lavoro. Accanto a ciò, quel che è relativo alla crisi economica, distinguendo quanto è causato dall'epidemia e quanto è aggravato dai provvedimenti adottati dagli Stati allo scopo di lenire la depressione.

Tutto ciò per sostenere che, anche solo in presenza di ragionevoli dubbi circa il pericolo costituito dal contagio, un'autorità legittima – e cioè il personale che agisce come un governo legittimo e giusto piuttosto che come uno Stato arbitrario e totalitario – può e deve agire per salvaguardare responsabilmente la salute degli individui.

La libertà non è in pericolo quando l'autorità decide giudiziosamente assumendo decisioni in ordine alle precauzioni del caso. Così faceva il governo veneziano quando decretava la quarantena per l'equipaggio di una nave proveniente da qualche località a rischio; anche il solo sospetto nei confronti di marinai contagiati rendeva moralmente lecito il loro isolamento coatto (un vero e proprio sequestro di persona) a salvaguardia della salute dei veneziani.

Misure simili si sono ordinariamente (e fortunatamente) adottate sin dall'antichità e non solo nella liberale repubblica mercantile di san Marco. Anche la storia biblica non manca di raccomandazioni circa il trattamento da riservare a chi, come ad esempio i lebbrosi, è portatore di contagio.

L'amore per la libertà individuale – anche quello più solido – non solo non è affatto in contrasto con la necessità di obbedire ad alcune indicazioni governative (non *statali*, ma *governative*) in materia di igiene e di profilassi, al pari di quelle che provengono dal capo-famiglia, dai genitori o dalle sagge convenzioni sociali, ma ne dimostra la sincerità e l'autenticità in quanto pienamente rispettoso della propria e dell'altrui integrità fisica.

Il criterio sociale (e politico) per eccellenza dev'essere ricercato nel cosiddetto principio di non aggressione che Murray N. Rothbard, mutuando da Ayn Rand, ha teorizzato in modo semplice ed ineguagliato nella ricerca di verità politiche irrefutabili e permanentemente valide. L'assioma di non aggressione (*non-aggression axiom*) può essere brevemente presentato come il principio centrale del libertarismo, la "metanorma" libertaria: «nessuno può aggredire la persona o la proprietà altrui». Ed ancora, appena con qualche dettaglio in più: «il credo libertario può dunque essere riassunto come: 1) il diritto assoluto di ogni uomo a possedere il proprio corpo; 2) il diritto ugualmente assoluto di possedere e quindi controllare le risorse materiali che egli ha trovato e trasformato; e, di conseguenza, 3) il diritto assoluto di scambiare o donare il possesso di tali titoli di proprietà con chiunque desideri scambiarli o riceverli» (Murray Rothbard).

Questo assioma fondamentale va considerato eticamente irrinunciabile per la costruzione di una società libera.

Può una disposizione che obbliga alla vaccinazione o un provvedimento che impone l'uso della mascherina (o di altri "dispositivi di protezione individuale" come tecnicamente ora li si definisce) essere ritenuto una violazione della libertà individuale e una contravvenzione del principio di non aggressione? Ritengo di no perché se è vero che il rischio di spalancare la porta all'arbitrio politico è presente ora più che mai, è anche vero che non è attraverso la risposta a queste indicazioni che si misura il grado di libertà di un individuo.

Non è, quindi, l'imposizione della quarantena e neanche il *lock-down* a mettere in pericolo la libertà individuale. Non è l'obbligo della mascherina, ma gli interventi statali generosi e abbondanti, le promesse degli aiuti economici a tutti, finanche il potenziamento della sanità pubblica, della struttura ospedaliera e del vaccino gratuito. Sono interventi di questo tipo a costituire il reale attentato alla libertà perché ciò che davvero rappresenta l'aggressione all'individuo è l'invadenza dello Stato. Per riuscire a riconoscere questo esiziale pericolo occorre superare ideologia e pregiudizi, occorre acuire l'intelligenza, grande e supremo patrimonio dell'uomo e rifiutare le letture semplicistiche della cronaca, non da ultimo quella degli attuali giorni della pandemia nella consapevolezza che «il prezzo che l'intelligenza esige dai suoi eletti è la rassegnazione alla banalità quotidiana» (Nicolás Gómez Dávila).

Per comprendere appieno il reale danno che la libertà di ciascuno sta patendo e che ancor più patiranno le giovani generazioni sulle quali verranno scaricati gli errori di pianificazione, occorrerà completare queste riflessioni con le considerazioni propriamente economiche; sono esse, infatti, che offrono sempre un portentoso criterio di realtà contro cui naufraga ogni utopia ideologica ed ogni pregiudizio deformante. Più avanti proverò, appunto, a soffermarmi sulla fallacia dei rimedi politici al crollo economico e come siano esattamente questi rimedi a rappresentare la negazione del principio di non aggressione, quella regola fondamentale di ogni uomo davvero libero, norma per la quale «nessuno ha il diritto di violare la *legittima* o *giusta* proprietà di un altro» (Murray Rothbard).

Il morbo della paura, il virus dell'emergenza

Dopo aver – per emarginare ogni possibile pregiudizio – ricercato e rintracciato ogni possibile attenuante per i governanti, ora – senza indebiti sconti e per evitare ogni rischio ideologico – è necessario elencare una lunga serie di critiche allo Stato.

Innanzitutto occorre far presente che quando lo Stato è chiamato ad organizzare qualsiasi cosa (dalle questioni più grandi alle più minute) non può non sbagliare o perché i suoi movimenti sono troppo

lenti e burocraticamente ingolfati o perché la pesante macchina centralistica non ha percezione diretta dei problemi o perché gli interessi
politici si rivelano antitetici a quelli dei soggetti sociali direttamente
interessati (ovviamente questi interessi possono coincidere quando
ci si accorda in modo disonesto: il classico *pactum sceleris*, il patto
scellerato tra qualcuno e apparati dello Stato a danno di tanti altri).

Il caso dell'epidemia non ha fatto eccezione. A molti sembrerà
strano veder lo Stato presentato come il grande problema, abituati
ormai come siamo – è questa una caratteristica dell'uomo moderno – a considerare lo Stato come l'ente indispensabile per tutti gli
aspetti della vita (religiosi non esclusi).

Ebbene, proprio la pandemia – un'epidemia su scala planeta-
ria – sconfessa questa "fede", questa fiducia nei poteri centrali e nelle
organizzazioni sovra-statali che funzionano non in modo alternativo
agli Stati nazionali, ma in modo complementare ad essi quasi come
anticamera ad un super-Stato globale.

Gli autentici disastri prodotti hanno nello Stato la loro causa;
ancor più che al virus, essi sono imputabili allo Stato. Non vi è solo
l'esempio del governo cinese responsabile di aver taciuto ciò che
avrebbe dovuto essere immediatamente comunicato. Mi riferisco,
anche, alla duplice tendenza che corrisponde alla duplice responsabilità in cui sono incorsi tanti Stati (quelle nazioni che non hanno
commesso tali errori hanno dimostrato che i problemi si affrontano
di gran lunga meglio senza mentalità statalista). Prima vi è stata una
prevalente tendenza a sottovalutare il pericolo virale, tendenza, poi,
invertita, con la caduta nell'altro errore, quello di paralizzare la vita
perfino sovradimensionando il rischio.

Le scienze ci dicono che la paura è un'emozione salutare perché
è un impulso che contribuisce, come il dolore, ad accrescere l'attenzione per meglio garantire l'incolumità. Ovviamente non è questo
dato fisiologico ad interessarci; direttamente ci interessa quel grado
della paura che arriva al panico o la paura stessa quando assume una
dimensione sociale e quando ciò avviene – la paura nei suoi risvolti
collettivi – essa è sempre patologica.

Storicamente, la Sinistra (giacobina, rivoluzionaria, socialista,
post-comunista, comunque statalista) ha sempre fatto leva sulla

paura per ricompattare le fila e creare motivi per legittimare la propria azione. È la paranoia del nemico esterno e la fobia di quello
interno. Senza escludere che anche in politica possa valere lo stesso
utile meccanismo fisiologico per il quale la paura rappresenta un
salutare allarme dinanzi ad un pericolo, ciò che rende quest'ultima
uno stato emotivo patologico – anche e soprattutto in politica – è
il panico dinanzi ad un pericolo immaginario o indotto. E la paura
può essere il miglior clima per disattivare ogni resistenza dinanzi al
decisionismo statale nell'universale invocazione di azioni eccezionali
e di poteri straordinari da concedere ai governanti.

Sotto questo aspetto la paura, in politica, ha lo stesso effetto dell'e-
mergenza. Il ceto politico, esattamente al pari di quello sindacale,
non potrebbe sopravvivere senza la greppia delle emergenze. Dinanzi
alle emergenze lo Stato si presenta come indispensabile.

Precedentemente ho riproposto l'analogia tra guerra ed epidemia.
Come non è corretto accettare passivamente lo "stato di guerra" che
dà ogni giustificazione allo Stato, così è bene prendere atto che in
nome della guerra al virus si realizza lo stesso dirigismo statale che si
impone nei contesti bellici. C'è anche un altro elemento che assimila
le due situazioni: il richiamo al dovere patriottico in nome del quale
oscurare ogni critica, ogni opposizione politica, ogni dissenso. Come
la guerra patriottica impone la totale subordinazione dell'individuo
allo Stato in nome del bene comune e della superiore difesa della
collettività, così il dovere patriottico impone la piena obbedienza al
Governo, riconosciuto come l'ente salvatore e risolutore.

L'emergenza che genera il senso di insicurezza stimola anche il
bisogno di affidamento ad un ente premuroso e solidale (che psi-
cologicamente si sostituisce a Dio) che si lancia in ogni tipo di promesse e con le sue rassicurazioni intende sollevare tutti. E si sentono affermazioni del tipo: «lo Stato sarà presente», «non lasceremo
indietro nessuno», «non faremo mancare l'aiuto a nessuno», «tutti
potranno contare sullo Stato», «lo Stato c'è». Queste rassicurazioni
producono una dipendenza che viene fatta passare come "patriottismo" e che, in realtà, è solo il prezzo da pagare in contraccambio
al nuovo Dio-padre.

Il primo effetto di questo nazionalismo è il sostegno della

popolazione al proprio governo. Nel nome dell'emergenza si impone l'abolizione di ogni critica al personale dello Stato e il superamento dei contrasti politici tanto che ogni disapprovazione è considerata esempio di irresponsabilità, di mancanza di maturità sociale, di carenza di lealtà istituzionale, di scarso civismo.

Torna la retorica del sacrificio per la Patria e l'enfasi per l'ideale del superiore interesse generale, dell'astratto "bene comune" che umilia ogni necessità individuale ed ogni rivendicazione particolare. Uno degli aspetti più discutibili dell'ondata di civismo causata da questo patriottismo statalista è la delazione, avvertita come dovere del cittadino. È la "delazione patriottica" che impone di segnalare alle autorità ogni possibile comportamento (ritenuto) scorretto. Un altro precedente pericoloso per inoculare l'abitudine a contrastare tutto ciò che le leggi dello Stato hanno definito anti-sociale (omofobia, evasione fiscale, ecc.). Una forma particolarmente odiosa di questa pratica è la delazione fiscale che soffia sull'invidia e mette formidabili strumenti di malevolenza nelle mani dei peggiori, nella quale il civismo ha l'effetto di coprire inconfessabili appagamenti al proprio rancore e di suscitare nuove e violente contrapposizioni di classe.

Il linguaggio ha espresso bene il clima plumbeo del pensiero unico – che non è stato certo instaurato con l'emergenza coronavirus, ma che l'emergenza ha ulteriormente radicato. Soprattutto quando questo pensiero unico, già virulento quando è un morbo che divora l'intelligenza popolare, viene sugellato da espressa volontà politica. Quando ciò avviene – direbbe Orwell che aveva descritto la "neolingua" come uno dei tre principi sui quali si basava il "socialismo inglese" descritto nel famoso romanzo distopico – la tirannia culturale è completa.

Al di là delle vaporosità di certe affermazioni, ciò che è in questione è qualcosa che rappresenta un vero problema per la stessa sopravvivenza della civiltà occidentale e che assume le sembianze di un virus che dal linguaggio passa ad intaccare immediatamente il cervello. Parlo del virus del conformismo mentale altresì detto, con neologismo tratto dal lessico del giornalismo britannico, "politicamente corretto" che già si configurava come "egemonia culturale" di gramsciana e rivoluzionaria memoria.

La libertà è davvero a rischio quando regna il conformismo culturale, quando il pensiero unico diviene un muro di gomma, quando l'informazione rischia l'omologazione. Poi è facile che certa disinformazione trovi il suo paravento dietro il democratico ricorso al largo consenso e agli indici di gradimento. Affermava, però, icasticamente Gómez Dávila: «lo Stato moderno fabbrica le opinioni che poi raccoglie rispettosamente sotto il nome di opinione pubblica».

«La Cina ha il vantaggio della dittatura». Per uscire rapidamente dall'emergenza, imponendo anche le disposizioni sanitarie più rigide, qualche sapientone nostrano ha considerato un gran beneficio godere di un regime autoritario. Effettivamente, in Cina non hanno l'inutile dispendio del ragionare, dello scegliere, del giudicare. O, almeno, il governo comunista fa ancora il possibile per alleggerire il popolo da queste incombenze di retaggio borghese e capitalistico. Sino agli anni Novanta i cinesi erano perfino sollevati dal tremendo dilemma circa la scelta quotidiana dell'abbigliamento; anche in quel caso un Padre premuroso (il Partito) provvedeva a stabilire al posto di tutti i suoi amati figli risolvendo, con un'uniforme proletaria (una casacca unisex), un problema che avrebbe gravemente logorato le capacità intellettuali dell'intero popolo. A maggior ragione in epoca di emergenza sanitaria, i metodi sbrigativi di una dittatura farebbero risparmiare molto tempo e garantirebbero risultati rapidi. Con il soggiacente sillogismo per cui più è ferrea una tirannia maggiore efficienza assicura. Semplice no? Che ogni pagina della storia degli ultimi secoli abbia, poi, dimostrato che la mortificazione della libertà genera costantemente involuzione e regresso è uno di quei dettagli che l'intellighenzia ha sempre trascurato. Infatti, qualche intellettuale impenitente, senza giungere alla spudoratezza di raccomandare esplicitamente l'importazione del comunismo cinese come strada per risolvere le nostre cancrenose difficoltà, non ha perso la singolare occasione per esaltare la rapidità degli interventi suggerendo (questo, sì, esplicitamente) di seguire l'esempio di Pechino. Evidentemente è facile dimenticare come il socialismo non sia e non sia stato solo immorale e criminale, ma sia stato anche inefficiente e improduttivo. È stato (ed è) insuperabile non solo nell'immoralità e nel delitto, ma anche nell'inefficienza.

Sottilmente la dittatura è stata percepita come una qualità e un vantaggio per combattere l'epidemia; un segreto compiacimento per le soluzioni autoritarie si è fatto strada tra i progressisti non meno che tra i tradizionalisti e, così, un certo desiderio per la dittatura (o per l'accentramento decisionale che è la stessa cosa) ha serpeggiato anche tra i ben pensanti.

Il "modello cinese" del contrasto all'epidemia è stato oggetto di sperticate lodi nei primi momenti quando ancora non ci si rendeva conto di cosa avesse combinato la Cina. Personalmente penso che il tempo è sempre rivelatore delle verità che immediatamente paiono nascoste. Ma se questa consapevolezza è confortante, non da meno è anche triste perché mette in conto molti cadaveri prima che una vicenda storica giunga a conclusione.

Ma diamo un'occhiata a questo declamato "modello cinese", tanto applaudito perché riconosciuto così efficace nella lotta al contagio. Procedo ora in modo sintetico rimandando qualche considerazione in più ai successivi contesti. Innanzitutto, quale merito potrebbe mai essere riconosciuto ad un governo che ha tenuto deliberatamente nascosta non una generica emergenza, ma l'esistenza di un virus estremamente contagioso e ad alta mortalità? E non solo ha volutamente occultato il problema, ma ha perseguitato i medici che avevano dato l'allarme ritenendo che la situazione andasse subito denunciata, ha fatto scomparire coloro che manifestavano critiche e ha controllato giornalisti e media perché nulla sfuggisse alla censura. Quali apprezzamenti potrebbero essere rivolti ad un regime che ha distrutto documenti scientifici e bloccato la condivisione internazionale delle informazioni? Quali complimenti potrebbero essere espressi ad autorità che hanno mistificato i numeri e hanno barato sui dati? È ridicolo pensare che su un miliardo e mezzo di cinesi le vittime siano state 3000 (in un periodo in cui ancora vi era impreparazione), mentre in Italia con una popolazione 25 volte inferiore di numero (e in regime di *lockdown*) abbiamo avuto 35.000 morti. Abitudine comunista a fornire cifre di comodo atte a dimostrare inesistenti capacità di affrontare le situazioni. Quali rallegramenti debbono essere offerti ad un potere che ha corrotto e piegato ai propri voleri i responsabili dell'agenzia dell'ONU facendo dell'Organizzazione Mondiale della Sanità un mezzo di confusione e, perciò, utile a ritardare la reazione sanitaria piuttosto che a perfezionarla? Congratularsi con la Cina per come ha gestito l'epidemia sarebbe come farlo con l'Unione Sovietica per la responsabile gestione del disastro di Chernobyl. Cina e URSS non si sarebbero potute comportare diversamente perché entrambe unite dal peggiore dei virus che abbia colpito il mondo: quello del comunismo. A questa lunga serie di delitti, ora si aggiungono le prove di qualcosa di estremamente grave compiuto all'interno del laboratorio dell'Istituto di Virologia di Wuhan. Ancora non sappiamo cosa sia successo, ma ormai esistono prove che l'origine del Covid-19 (accidentale o programmata che possa essere) sia legata ai lavori compiuti segretamente in quel laboratorio creato per studiare gli agenti patogeni.

Non riesco a scorgere nel comportamento della dirigenza comunista cinese nulla altro che una serie di crimini contro l'umanità, colpe che hanno già, al momento, prodotto un milione di morti, estesissime sofferenze, enormi danni economici, dispendio incalcolabile di energie umane, paralisi sociale, impoverimento dei popoli (molto meno quello cinese). Se al fondo di questa vicenda si deve individuare una categoria chiave, questa può essere rintracciata nella prassi comunista della menzogna. Ma sotto questa consuetudine alla menzogna – indispensabile all'ideologia per sopravvivere – il comunismo imploderà presto anche in Cina. Chi si ostina a celebrare il regime di Pechino e il suo modello di gestione dell'epidemia può farlo solo condividendo con la nomenclatura tanto la stessa propensione a mistificare la realtà quanto la colpa per i crimini commessi.

Immediata preoccupazione del governo italiano fu di mostrare vicinanza e solidarietà alla Cina e di scongiurare che venisse (anche attraverso spot televisivi condotti da volti noti del piccolo schermo) evitato ogni possibile accostamento tra coronavirus e Repubblica Popolare.

Il ruolo che la tecnologia sta giocando è, comprensibilmente, fondamentale e la Cina ha fatto ogni sforzo per poter, nel più breve tempo possibile, colmare o almeno ridurre la distanza che la separa dallo sviluppo raggiunto dagli altri Paesi avanzati e, ovviamente, primi tra tutti, gli USA. E così, mentre giungevano segnalazioni di diversi casi anche di peste nelle sconfinate province della Cina ("modello cinese" per la sanità?), si combatteva la guerra per l'acquisizione, il controllo e la gestione delle reti 5G o per gli asset del nuovo social network Tik tok.

Ora, dopo qualche cenno al "modello Cina", soffermiamoci sul "modello Italia". Oltre ad essere stato molto apprezzato a Pechino, è stato anche lodato dall'americano professor Fauci, volto divenuto assai noto in qualità di consulente della Casa Bianca per l'emergenza virale. Ma, come ancora ripeterò, la visione del problema di uno scienziato è limitata ai soli aspetti epidemiologici senza tener conto delle conseguenze sociali né tantomeno di quelle economiche.

A questo punto s'imporrebbe un'analisi dei provvedimenti che hanno delineato l'ormai famoso "modello Italia", ma credo di essermi già dilungato troppo e penso che una domanda possa ricapitolare la questione in questo modo: è possibile che un governo composto da personaggi abbastanza squalificati possa aver prodotto un modello di contenimento epidemiologico da meritare un apprezzamento mondiale? C'è qualcosa che non va... Ad iniziare dall'alto numero dei decessi o dall'estensione del contagio per finire agli altissimi costi o alle domande non risolte circa l'apposizione del segreto governativo (poi ci si è scusati dicendo che non era "segreto di Stato", ma solo rispetto della privacy) sulle riunioni del Comitato Tecnico-Scientifico. Il governo Italiano dovrà sempre spiegare perché si è arrivati tardi a circoscrivere le zone rosse e, poi, si è fatta calare l'intera nazione nell'isolamento, un provvedimento radicale imposto anche su vaste aree del Paese che non pativano situazione di emergenza.

Diritto alla salute?

Vorrei fare una premessa, almeno in parte, controcorrente rispetto alle invettive giunte da parte di tutti coloro che hanno accusato il sistema sanitario di Stato di essere stato largamente inefficace, di non essere stato in grado di fronteggiare l'emergenza, non aver fatto abbastanza, di essere stato impreparato. Tutte queste critiche sono certamente pertinenti e corrette. Ma se è ridicolo esaltare la sanità italiana (un'esaltazione giunta al suo acme con un ministro visionario), è improprio anche pensare che con essa si sarebbe potuto fare diversamente rispetto a ciò che è stato fatto. Inefficienze, sprechi, ritardi, sono semplicemente endemici in ogni sistema statale. Ciò significa che non si può pretendere nulla di diverso da un sistema pubblico.

Come poteva essere comprensibile, l'emergenza Covid ha indotto i più a chiedere al governo maggiore potenziamento della sanità pubblica; anche le critiche provenienti dall'ambito liberale si affannano a invocare maggiore efficienza trascurando la natura dei servizi statali. Cosa intendo dire?

Ogni struttura pubblica – in senso proprio "statale" – è guidata da interessi politici e, come ogni struttura pubblica, anche quella sanitaria non può essere migliorata mediante gli stessi criteri che la animano dal profondo. Il sistema pubblico non può che esprimere i criteri della politica che coincidono con ciò che la stessa politica riserva ai propri beneficiati. Su tutt'altro piano si pone, invece, il sistema privato animato da altri criteri, quelli del profitto a compenso della qualità offerta ai clienti. Ciò comporta un costante miglioramento dei servizi offerti dai privati e un progressivo deterioramento dei servizi pubblici offerti dalla politica. È questa la ragione per la quale il sistema statale non può essere affinato dall'interno. Le uniche condizioni con le quali può funzionare bene (e lì dove capita, avviene per questo motivo) sono "correttivi" privatistici e meritocratici. Si tratta, però, di "correttivi" che devono essere mutuati dal contesto sociale che conserva una mentalità ancora privatistica e meritocratica. Come è dimostrato in Italia con il Nord arretrato (soprattutto il Lombardo-Veneto) e il Sud progredito (senza particolari eccezioni).

Nord arretrato e Sud progredito? Sì, esattamente. Il Nord ancora abbastanza retrogrado perché *conservatore* e il Sud decisamente avanti nel processo di statalizzazione *progressista*. Non è una questione di razzismo (peccato, però, perché se questo libro potesse contenere un arcobalenato messaggio anti-razzista potrebbe anche sperare di avere, nel panorama editoriale, qualche apprezzamento che conti), non è una questione razzismo – dicevo – ma di dati di fatto: il Nord esprime ancora una "arretrata" cultura conservatrice propria della gente che lavora duramente e che è allergica alle intromissioni del centralismo statalista mentre il Sud esprime una "evoluta" mentalità progressista tipica di gente dedita a rivendicare i propri diritti, come ad esempio quello al sussidio di disoccupazione, e che invoca il continuo intervento dello Stato per risolvere i problemi di chi si sente storicamente vittima della discriminazione. La ricaduta di una mentalità e di una cultura sociale laboriosa e attenta alla proprietà privata – come può essere quella della gente del Lombardo-Veneto o quella mercantile olandese o quella austera mitteleuropea in opposizione all'atteggiamento del meridionale parassitario e bramoso di aiuti pubblici – investe anche il contesto sociale e condiziona anche i pubblici dipendenti che sono indotti ad essere più scrupolosi dei loro colleghi che, nel caso italiano, si trovano ad operare al Sud. Quando i miei conterranei vanno a curarsi al Nord riportano la immediata sensazione di una sanità che funzioni come mai essi avevano visto. E commettono l'errore di rivendicare anche per Napoli o per Cosenza o per Taranto finanziamenti per poter adeguare gli ospedali delle loro città al livello di quelli di Milano o di Treviso o di Varese.

E se nel passato anche del Sud vi è una civiltà conservatrice, nel futuro del Nord ancora "arretrato" vi è una triste involuzione progressista e statalista. Scriveva Gómez Dávila: «c'è una sola cosa più ripugnante del futuro che i progressisti senza volerlo preparano: il futuro che sognano».

Se rispetto ai paladini del servizio pubblico (*in primis* il ministro) basta suggerire di aprire gli occhi affinché si rendano conto di come realmente vanno le cose, rispetto a coloro che si sono lamentati per ciò che non è stato fatto e per ciò che poteva essere fatto bene, bisogna pragmaticamente replicare che non ci si poteva aspettare nulla di diverso. Anzi, che sarebbe un grave errore pretendere di più perché questa richiesta conterrebbe la abituale tentazione di caricare di speranze ciò che, invece, deve essere demitizzato. Più che esigere il miglioramento del sistema sanitario pubblico, occorre, piuttosto, rassegnarsi a quel che esso è ed educarsi, vieppiù, a *non* esigere nulla. Intendo dire che se la spontanea reazione alle lacune dell'azione dello Stato è reclamare che le istituzioni operino meglio e che facciano di più, un giudizio più complessivo – posso definirlo "coerente"? – inviterebbe le stesse istituzioni a fare il meno possibile. È un radicale spostamento di prospettiva politica che orienta anche la critica al sistema sanitario su un ben diverso piano. Non il richiedere di fare di più (e neanche meglio, perché ciò è quasi una contraddizione in termini), ma "fare meno possibile".

Ad uno dei padri degli USA, Thomas Jefferson, è attribuita una affermazione che rende bene il concetto sin qui adombrato: «il governo migliore è quello che governa meno».

Come per ogni aspetto della vita sociale ed economica, anche la salute, la ricerca scientifica, l'avanzamento tecnologico vengono penalizzati dal peso dello Stato e ciò avviene nella misura in cui questo stesso peso si fa sentire. Contrariamente a quanto si ripete – sino ad apparire verità indiscutibile – lo Stato non solo non ha mai favorito il progresso, ma è sempre la causa ultima del declino sociale. Lo Stato – ciò che chiameremmo "governo esteso" o addirittura "assoluto" – è sempre alla radice della depressione sociale o perché determina la decadenza con la paralisi della libertà individuale o perché impedisce il lento processo di fioritura.

Ecco, dunque, perché anche nel campo della sanità sarebbe un imperdonabile errore lamentarsi per ciò che lo Stato *non* fa o richiedere che alla sanità pubblica siano attribuite ancor più funzioni.

Innanzitutto occorre richiamare cosa significhi e cosa implichi lo stretto legame tra sanità e politica, tra servizio sanitario ed interessi politici. Richiamare ciò comporta mettere a fuoco la radice di ogni male presente anche nel mondo sanitario. Si potrebbe ritenere questo legame un male necessario semplicemente in quanto indispensabile. Ma questa certezza – propria di chi è nato e cresciuto tra le braccia dell'assistenza di Stato – si sgretola dinanzi ad una duplice evidenza. Da un lato, infatti, al pari di qualunque altro servizio, anche quello sanitario è nato nell'ambito privato; dall'altro, solo il pregiudizio socialista può creare obiezioni alla riconversione privatistica dell'intera assistenza sanitaria.

Quanto al primo aspetto, come non ricordare che lo sviluppo della medicina, la nascita degli ospedali, le prime scuole mediche non sono certamente state partorite dall'alto di scelte pianificate dalle autorità politiche, ma hanno tutti origini private? Come ogni "istituzione" (così, ad esempio, la moneta, l'istruzione, ma anche il diritto e perfino il linguaggio) anche la preoccupazione per la salute è nata come attività privata. Si dirà: tutto è stato organizzato dalla Chiesa. È vero, ma questa si pone sul piano dell'azione privata e volontaria, non su quello dell'intervento pubblico e statale. Tant'è che quando, poi, il potere politico ha iniziato ad evolversi in qualità di Stato propriamente detto, esso ha incamerato questi servizi (Enrico VIII, Elisabetta Tudor, Rivoluzione francese, Giuseppe II, ecc., ecc.) e le attività benefiche della Chiesa sono state (spesso violentemente) "nazionalizzate". Come tutti i servizi pubblici odierni, anche la sanità è il frutto (amaro) di un processo di esproprio della dimensione privata per rafforzare la dimensione pubblica. Per tutto ciò, la nascita del *Welfare State* rappresenta una fase fondamentale della fine dell'individuo libero e del suo assorbimento nel meccanismo dello Stato. Ma non va dimenticato che la nascita dell'organizzazione delle attività a difesa della salute è stata una preoccupazione squisitamente privata.

"Privatizzare" – e qui arriviamo al secondo aspetto – è concetto di cui scusarsi mentre "socializzare" è parola che sortisce apprezzamento pressoché immediato ed universale. Gli Stati Uniti d'America (e qualche altro Paese nell'anglosfera dell'Occidente) rappresentano l'unica area culturale del mondo ove, invece, la "socializzazione" si afferma a fatica, mai senza un vivace dibattito che imponga ai social-democratici d'oltreoceano la faticosa presentazione di (presunti) motivi giustificativi. Non che non si affermi comunque (come dimostra la cosiddetta Obamacare del 2010), ma lì la "socializzazione" non gode di spontanea attrazione. Ma perché gli americani non hanno simpatia per un sistema come quello che vige in ogni Paese europeo e che è ritenuto estremamente comodo per gli assistiti perché tutela (teoricamente) ciascuno di essi da ogni spesa medica? E perché gli europei sono tanto allergici ad un sistema come quello americano che affida a contratti di assicurazione la tutela di un bene così prezioso come quello della salute? Gli americani sono davvero così tonti? E gli europei sono proprio così saggi? Purtroppo, almeno dalla metà degli anni Sessanta, negli USA il sistema è sempre meno "americano" e sempre più welfarista; ma anche con questa commistione, negli USA vige ancora un sistema prevalentemente orientato verso il settore privato.

Non esistono effetti negativi nel sistema di concorrenza e le conseguenze sono massimamente benefiche soprattutto in quei settori dove alla competenza occorre unire una maggiore umanità (ad esempio la sanità e la scuola). Perché, dunque, lo Stato teme la concorrenza del privato? Semplice! Perché non sarebbe mai in grado di reggere il confronto.

Sostenere motivazioni sociali significa mettere a tacere ogni obiezione e vantare un'indiscutibile superiorità morale; ormai davvero tutto ciò che è "sociale" sembra godere di un credito illimitato. Resistendo al politicamente corretto, occorre, invece, dichiarare che, per come viene genericamente adottato, il concetto è privo di significato perché si accompagna a espressioni inconsistenti. Non si può non concordare con Friedrich von Hayek il quale scriveva: «giungo sempre più alla convinzione che la utilizzazione di questa parola elastica, cioè "sociale", per denotare valori che abbiamo sempre descritto come "morali", possa essere una delle cause principali della diffusa degenerazione del senso morale nel mondo».

Certamente, nel momento in cui si creassero le condizioni di una vera concorrenza, cioè di una reale libertà di scelta, i servizi pubblici sarebbero prontamente abbandonati (per quanto sempre bocciati, in regime di monopolio o di quasi-monopolio essi sono solo sopportati, ma non possono essere abbandonati). Si rivela, anche in questo caso, pertinente il criterio per distinguere una buona impostazione economica da una cattiva. Mi riferisco rispettivamente alla preoccupazione per il cliente o all'attenzione per il produttore. La giusta prospettiva economica è sempre quella che parte dal punto di vista del consumatore, quella che ritiene intangibile la "sovranità del consumatore", non quella che muove dalla visuale del produttore. La pianificazione statalista può essere considerata come la forma più compiuta del rinnegamento di questo primato e l'annullamento della libertà di scelta del consumatore.

Ebbene, l'instaurazione della concorrenza fa immediatamente accantonare il servizio di Stato e scioglie come il sole fa con la neve tutti gli appigli su cui si legittima il settore pubblico. La libertà di scelta dà sonora ragione al sistema di mercato. Vale, ovviamente, il contrario e cioè il servizio pubblico si giustifica e si regge solo mettendo al bando la libera economia. Con onestà, quindi, ogni qual volta che si glorifica il *Welfare*, occorre dire (o, almeno, *anche* dire) che uno degli addentellati è la negazione del diritto a scegliere.

Un altro argomento a giustificazione dei servizi pubblici è che essi, non producendo reddito, debbono necessariamente essere offerti (propinati) dallo Stato. Frequentemente ho sentito affermare che nella sanità il principio della concorrenza o il principio del risparmio (la cosiddetta produttività) non possono trovare spazio perché prestazioni come quelle della sanità o dell'istruzione sono (sarebbero) svincolate dal principio del profitto e l'unico ente ad essere svincolato dal rapporto con i costi è lo Stato. La vituperata "logica aziendale" non potrebbe mai rendersi compatibile con l'ambito della generosità e del disinteresse per eccellenza qual è il settore pubblico. Nella sanità (o nell'istruzione) non si deve badare a spese e l'unico che può non farlo è lo Stato. Ciò giustificherebbe l'assenza di concorrenza nei servizi offerti dal Governo. Si dice che lo Stato non è un soggetto economico obbligato a produrre reddito ed è quindi l'unico a poter e a dover interessarsi dei servizi sociali (che, oltretutto, crescono sempre più e non si limitano a quelli tradizionali come, ad esempio, quelli della sanità e dell'educazione, ecc.). Ma è una ben strana supposizione. Infatti, se lo Stato non ha il dovere di produrre reddito, perché ha il diritto di far pagare costi così alti? Quindi non solo non è vero che non si tratta di un soggetto economico, ma è il soggetto che più di chiunque altro sottrae risorse dal lavoro dei produttori di reddito. Scrive Rothbard: «le sue attività diventano quindi inefficienti, e i costi sempre più alti, dal momento che i dipartimenti dello Stato non debbono preoccuparsi delle perdite e della bancarotta; possono tranquillamente sopperire alle proprie perdite con ulteriori prelievi dalle tasche del pubblico» (Murray Rothbard). Quindi una sorta di cancro, letteralmente; un cancro che distrugge tessuti vitali.

Nonostante ciò che dovrebbe essere evidente, si sostiene che se la sanità pubblica non funziona come dovrebbe la causa è il taglio delle risorse ad essa destinate. Quasi un sabotaggio da parte degli avversari politici per danneggiare il *Welfare* e trarre benefici dalle privatizzazioni. Si tratta di un'accusa costante da parte della Sinistra (almeno quella storica) contro le Destre criticate per il loro (presunto) desiderio di ridimensionare il budget della sanità allo scopo di favorire il ricorso alle strutture private.

Come purtroppo è sempre avvenuto, ogni crisi, anziché spingere a rigettarne le cause dopo averle intelligentemente ricercate e adeguatamente identificate, stimola i teorici interventisti a richiedere l'allargamento dell'azione dello Stato e nuovi investimenti pubblici. Non diversamente ci si poteva attendere dall'emergenza sanitaria che ha suggerito di individuare le responsabilità delle carenze non nelle cause endogene, ma nei tagli di spesa che sono stati imposti (che sarebbero stati imposti) nell'ultimo decennio di liberalizzazioni selvagge. Peccato che di queste liberalizzazioni non v'è traccia mentre contro il vorace e sempre crescente deficit statale nessuno azzardi rimedi.

La soluzione del problema non sta allora nella costruzione di un "sistema misto" (che è quello che abbiamo sperimentato in Italia, con più intensità a partire dagli anni Sessanta) perché lo Stato, quando anche permettesse (ma di "concessione" si tratta) la coesistenza dei due sistemi per impedire che quello privato prevalga *naturalmente*, è indotto a blindare talmente quello pubblico da metterlo *artificialmente* in condizioni di non soccombere. La soluzione del problema è "nel lasciar fare", nel rimuovere ogni ostacolo al libero e naturale dinamismo sociale che contiene lo sviluppo di ogni potenzialità. I vantaggi sarebbero enormi; «tutta la società ne trarrebbe beneficio, *soprattutto* i poveri» (Murray Rothbard). All'opposto – «tutti sentendoci sudditi di uno Stato-padrone nei confronti del quale sappiamo solo lamentarci» (Ferdinando Adornato) – la creatività si spegne e l'imprenditorialità si estingue, facendo di coloro che si assumono l'onere di un'azione positiva degli eroi solitari ed isolati.

I servizi offerti dallo Stato costringono ogni famiglia ad affidarsi al potere politico e ad abituarsi a dipendere dal Governo. Una frase attribuita al presidente Reagan suona più o meno così: «uno dei metodi tradizionali per imporre ad un popolo lo statalismo ed il socialismo è la medicina socializzata. Se non siete anche contro le cure mediche gratuite agli anziani, uno di questi giorni ci troveremo a raccontare ai nostri figli ed ai nostri nipoti com'era l'America quando gli uomini erano liberi». Infatti, ancor più che attraverso il comunismo proletario, lo statalismo fa breccia mediante l'illusione del *Welfare*; sono queste politiche a cambiare silenziosamente la condizione in un popolo, facendo smarrire, in modo incruento, la strada della libertà. Il rischio per la libertà è enorme perché essa non può rimanere integra lì dove tutto – ad iniziare dalle prestazioni più vitali – è affidato al ceto politico e ad un potere centrale. «Non si può socializzare il medico senza socializzare i pazienti», pare ancora abbia affermato Ronald Reagan. Il modello alternativo è quello dello Stato che, come svolge altri ed innumerevoli ruoli, svolge anche il ruolo di medico di ciascun uomo; un modello che tanto più è un rischio per le concrete libertà individuali per quanto si impone con estrema facilità, un rischio che si inserisce esattamente nell'orizzonte della sanità pubblica (che in Italia, come tutti ormai sanno, è la «migliore al mondo»).

Se è vero che la salute viene custodita al meglio dalla responsabilità personale (tra breve proverò a spiegarmi più chiaramente), allora si può senz'altro sostenere che non solo l'ordine e la sicurezza, ma anche la stessa salute popolare è figlia della libertà. Come il problema del rapporto tra l'ordine e la libertà si supera comprendendo che questa è la madre di quello, identicamente, si deve ritenere che la salute delle persone è la figlia, non la madre, della libertà. Davvero non vi è alcun conflitto tra la libertà e la salute a condizione, però, che il primato sia concesso alla prima. Quindi, come prediligere la sicurezza comprimendo la libertà individuale significa perdere questa senza ottenere quella, così, al contrario, il più efficace contesto per contrastare un'epidemia è quello di una società prospera costituita da individui amanti della libertà. Quindi: società prospera grazie ad individui liberi. Una società è resa prospera dal libero mercato che moltiplica la ricchezza grazie alla naturale creatività ed imprenditorialità messa a frutto dalla cooperazione e dalla divisione del lavoro (alternativa a questo tipo di società centrata sulla pluralità capitalistica e sulla libera iniziativa è il centralismo organizzativo – anche legislativo – del potere politico). Gli individui amanti della libertà sono educati a rispettare la proprietà degli altri per veder parimenti rispettata la propria e sono quelli che intendono provvedere personalmente alle proprie cure per evitare il rischio che l'autorità politica si sostituisca alle scelte di ciascuno ed imponga i propri criteri, non ultimo l'imposizione a pagare le spese per la salute degli sconosciuti. Ma chi deve farsi carico del proprio stato di salute è ben più responsabile della persona a cui il servizio sanitario di Stato garantisce assistenza e cure. E qui subentra il problema: chi non deve provvedere *direttamente* alle conseguenze delle imprudenze sanitarie (di ogni genere: dalla droga al mancato uso della mascherina, dalla guida pericolosa all'uso di alcolici) è indotto ad essere sconsiderato ed è diseducato ad essere previdente.

Lo Stato usa l'argomento della necessaria subordinazione della libertà alla salute. La questione si presenta in molti modi. Ovviamente, in momenti di emergenza, l'argomento non trova ostacoli significativi consolidandosi come qualcosa di inoppugnabile e di indiscutibile. Ma la scelta a favore della salute (o anche a favore del servizio pubblico) e a danno della libertà comporta la beffa di perdere la seconda senza comunque ottenere o salvaguardare la prima. Si tratta, quindi, di un falso conflitto perché non solo per una migliore salute (o un migliore servizio sanitario) non occorre svendere l'autodeterminazione, ma esattamente la difesa della propria facoltà di scelta, educando alla responsabilità ed alla parsimonia, garantisce al meglio la salute (e la qualità delle cure).

Tornando alla responsabilità come frutto dell'autonomia della persona c'è da aggiungere qualche altra breve riflessione.

Innanzitutto la prima ricaduta del principio per il quale il paziente è "socializzato". Se si accetta la socializzazione dell'assistenza medica consegue la cessione allo Stato della proprietà della salute delle persone. Si potrebbe dire: dalla "statalizzazione della Sanità" alla "statalizzazione della salute".

E se lo Stato deve farsi carico della salute dei "cittadini", allora è nel diritto di stabilirne i comportamenti.

I comportamenti irresponsabili sono causati dalla certezza di cure garantite e onnicomprensive.

Il legame tra Stato e salute è qualcosa di recente. Si direbbe che è qualcosa di "moderno". Nasce con il governo assoluto che si sviluppa appropriandosi degli spazi propri degli ordinamenti tradizionali della società e che si consolida proporzionalmente al declino di quegli ordinamenti. Nel pensiero illuminista è fortemente presente l'utopia della salute perfetta paradigmaticamente conseguenza dello Stato perfetto. In quest'ottica, compito dello Stato che sarebbe nato dalla trasformazione sociale (la rivoluzione) è di assicurare la salute a tutti i "cittadini" che potranno senz'altro raggiungere questo traguardo quando la società sarà politicamente riplasmata. La salute è, allora – prima dagli illuministi, poi dai giacobini, infine dai socialisti – intesa non solo come questione politica, ma essenzialmente come una conseguenza delle lotte politiche. Ad uno Stato perfetto, quindi, non potrà che corrispondere la salute per tutti. Non solo: nella radicalizzazione ideologica, viene addirittura teorizzata la fine delle sofferenze e delle malattie grazie al cambiamento delle strutture di oppressione sociale.

La più recente versione di questa utopia è incarnata dal forte sostrato ideologico presente nei programmi dell'ONU e in particolare – a causa delle sue competenze specifiche – dell'Organizzazione Mondiale della Sanità. Alla luce delle recenti vicende in merito alle collusioni tra Repubblica Cinese e dirigenza dell'OMS, anche chi ancora si fosse ostinato a credere all'irreprensibilità di questi organismi internazionali dovrebbe ormai riconoscerne, con disincanto, il cinismo, l'opportunismo e la spregiudicatezza. Non si tratta solo di condannare aspetti collaterali relativi a comportamenti occasionali, ma di mettere sotto accusa un sistema viziato da impostazioni ideologiche profonde e radicate. Non sarebbe superfluo dire qualcosa in più su come dev'essere concepita la malattia ma è più utile dare qualche dettaglio su come dev'essere concepita la salute.

Ebbene, attingendo ad altri campi di approfondimento si può distinguere una concezione "positiva" da una concezione "negativa" della salute. La prima si delinea come una visione ideale dell'organismo; la salute come pienezza di vita, come perfezione e integralità. Ma il medico raramente prende in esame organi che funzionano, piuttosto deve occuparsi di organi malati che devono essere sanati. La concezione "negativa" si limita a definire la salute come assenza di dolore e assenza di malattia. Certamente la concezione "positiva" della salute sembra essere molto più nobile, molto più alta; la concezione "negativa", invece, è molto più contingente e pragmatica. Al contrario di quella "positiva", la visione "negativa" è certamente meno ideale, ma decisamente più concreta perché è quella che riguarda l'effettiva possibilità di intervenire pragmaticamente e di provare a guarire il malato. Così che se la salute "positivamente" intesa ha come riferimento l'ideale (ed è, perciò, *idealista*), la salute "negativamente" intesa ha come riferimento il reale (ed è, pertanto, *realista*).

Tutta la storia della medicina ha dimostrato che solo la tradizione realista ha prodotto frutti. Una tradizione che si è poi sposata con il lievito cristiano ed ha proceduto verso quei traguardi di cui l'intera umanità si è avvalsa. Primo tra questi, il modo di vedere il malato che da oggetto di disprezzo e di commiserazione è divenuto termine di compassione e di attenzione. La subentrata deriva idealista si pone in più o meno silenziosa opposizione a questo realismo esprimendosi innanzitutto in una concezione ideologica della salute che da semplice assenza di patologia viene, ben più enfaticamente, definita come pienezza di condizione psico-fisica.

A questo ambito utopistico va ascritta l'opera massicciamente compiuta dalle organizzazioni internazionali, governative e non governative, che dichiarano (e così vorrebbero apparire) di attivarsi per obiettivi umanitari pragmatici, ma che, in realtà, realizzano una persistente azione riformatrice prevalentemente attraverso la promozione di una cultura strumentale ad obiettivi politici di enorme portata. Alla base di questo programma vi è il riadattamento della funzione che la rivoluzione aveva nella vecchia strategia socialista e cioè il progetto di trasformazione costruttivistica della società e del mondo attraverso un'azione politica guidata "dall'alto" e condotta da un'elite di "illuminati" (i rivoluzionari di professione nel caso del bolscevismo, i leader progressisti nel caso dell'attuale buonismo). L'ONU con le sue ramificazioni può essere considerato il più efficace laboratorio ideologico a causa della pervasività della sua azione e della autorevolezza che immeritatamente gode. Nel Vecchio Continente ne sperimentiamo un doppione, un modello ancor più insistente ed invasivo: i vari organismi raccolti intorno all'Unione Europea. E se in quest'ultimo caso ogni critica viene disarmata dalla retorica delle superiori ragioni della solidarietà comunitaria, nel caso dell'ONU i clamorosi fallimenti pratici trovano edulcorazione e giustificazione nel nome dell'insindacabile nobiltà dei valori mondialisti.

La retorica del "diritto alla salute" ha contribuito a rafforzare l'idea secondo cui se questo non è ancora compiuto è solo perché gli ostacoli al perfezionamento dello Stato non sono ancora rimossi. Ancora una volta, l'ingenuità utopica conduce inesorabilmente alla statalizzazione dell'uomo e ciò che appariva un grande traguardo di eguaglianza sociale si rivela essere la strada per la sclerotizzazione del potere.

Non c'è da meravigliarsi se i principali manuali di medicina e di psicologia – sui quali si sono formate le ultime generazioni di sanitari e sui quali ancora si formano le giovani leve – fanno propria la definizione più suadente e accattivante ed accantonano, come oramai superata, quella tradizionale. Pensare alla salute «come stato di completo benessere fisico, mentale e sociale» suscita certamente maggiore attrazione ideale per la sfida che vi è implicita, ma questa sfida contiene lo stesso limite della definizione, che è quello di non saper fare i conti con la realtà.

Un'altra questione non può non trovare un qualche spazio nel momento in cui parliamo di rapporto tra sanità e Stato. Si tratta di un tema molto popolare, anche maggiormente recepito rispetto a quelli appena accennati, ed è il tema del cosiddetto diritto alla salute. In questa sede non posso permettermi ampi approfondimenti ed è quindi necessario partire da una tesi verificata altrove, dando per acquisito il postulato che ritiene inconsistente un diritto che nasca dalla dichiarazione di qualche assemblea e che non sia invece inscritto nella natura dell'essere umano. Nel primo caso parliamo di "diritti positivi": quelli che vengono proposti allo scopo di tendere *positivamente* a qualche risultato (diritto alla salute, alla casa, all'alimentazione, al vestiario, al lavoro, alle ferie, al riposo, ecc.). Nel secondo caso parliamo di "diritti negativi": quelli che impongono la *negazione* di azioni che danneggiano l'essere umano nella sua integrità, libertà, proprietà (ogni uomo ha diritto alla salvaguardia della propria vita, alla tutela della propria libertà e alla difesa dei propri beni, di qualsiasi genere essi siano). I "diritti positivi" sono, pertanto, "politici" in quanto concessi dallo Stato, o da questo ottenuti, mentre i "diritti negativi" sono, per loro essenza, "naturali" in quanto innati e, dunque, assolutamente inviolabili, intangibili e inalienabili (si direbbe anche "indisponibili" o "non negoziabili"). I primi si acquisiscono mediante consenso politico, i secondi dal consenso politico vengono troppo spesso negati, disattesi, misconosciuti e conculcati perché essi si pongono come naturale barriera alla prevaricazione del potere. È, infatti, peculiarità dello Stato calpestare i diritti naturali e instaurare i diritti civili e sociali.

Se, dunque, nessuno può attentare alla proprietà di un altro individuo al pari dell'insidia alla stessa vita, nessuno può pretendere che altri gli garantiscano cure, prestazioni sanitarie, assistenza medica, al pari della casa, del lavoro, del vitto, dei comfort. Ciò che risulta gratuito per qualcuno è, invece, pagato da altri. Inesorabilmente.

È evidente che questo paradigma è antitetico a quanto soggiace alla moderna teoria dei diritti civili e sociali, teoria in alternativa e in contrasto con i diritti naturali.

Ancor prima che nel modo di vivere è nel modo di pensare dei nostri contemporanei che non c'è aspetto dell'esistenza che non sia riconducibile a qualche preteso diritto. Tutto è reclamato come diritto senza alcuna considerazione circa coloro su cui economicamente graverà l'onere dei servizi (sanitari, previdenziali, scolastici, urbani, lavorativi, residenziali, ecc.).

Anche la Chiesa si è accodata nel ritenere la concessione dei diritti – sempre più numerosi e sempre più estesi – come una necessità morale, incapace anch'essa di scorgere la profonda immoralità contenuta nell'affermazione di qualcosa che, per un verso, implica un diretto gravame a carico di terzi e, per altro verso, concede allo Stato un potere smisurato nell'amministrare le nostre vite. Se si assolutizzasse il diritto alla salute – non meno degli altri diritti sociali – ogni esproprio fiscale sarebbe consentito ed ogni trasferimento di reddito sarebbe permesso. Con l'inevitabile fine dell'economia dovuta al dissanguamento dell'organismo ad opera del grande parassita: lo Stato. La strada migliore per arrivare a non avere più neanche il pane è quella di ottenere una serie di diritti dallo Stato.

L'esperienza dimostra anche che il modo migliore per rovinare un servizio o squalificare un bene è quello di pretendere l'uno o l'altro gratuitamente come qualcosa di cui si ha "diritto". D'altra parte, in nome del "diritto alla salute" (oltretutto nella versione allargata ed estensiva promossa dalle organizzazioni internazionali e sempre più in voga) si può giungere a reclamare ogni bene, finanche il diritto ad avere il riscaldamento in casa (in forza della disarmante e sempre vincente argomentazione: «e chi non può permetterselo, allora?»). Al contrario, occorre riconoscere che solo la logica del mercato consente di avere servizi sempre migliori e costi sempre più contenuti e in una situazione ove il mercato è lasciato funzionare i poveri sono un'esigua minoranza, un'esigua minoranza di cui le società prospere si sono sempre fatte carico. L'aiuto agli sfortunati non giunge certo attraverso l'assistenzialismo pubblico che possiede la straordinaria virtù di moltiplicare la miseria, ma attraverso gli interventi saggi e mirati della carità individuale e della solidarietà delle associazioni private. «In breve, dobbiamo decidere se vogliamo una Sanità inserita nel mercato o gestita dal Governo. La lezione dell'analisi economica e delle nostre esperienze di vita reale è che i mercati ci offrono beni e servizi migliori a costi inferiori, con maggiore flessibilità e innovazione che non le burocrazie» (David Boaz). Il "diritto alla salute" è, dunque, non solo distruttore della qualità del servizio che solo il settore privato può assicurare, ma è anche demolitore della giustizia perché fomenta una mentalità divisiva, profittatrice e dissipatrice, una mentalità rea di incrementare il numero di coloro che tutto pretendono, rendendo l'invidia la migliore arma delle battaglie politiche. Bene è stato detto: «chiamiamo egoista chi non si sacrifica al nostro egoismo» (Nicolás Gómez Dávila).

Il cosiddetto diritto alla salute, oggi, trova un rinnovato vigore (in verità mai sopito) perché si sposa con le sconfinate frontiere dell'universalismo ambientalista e con quest'ultimo divide nuovi successi e gratificanti allori. E, a ben vedere, salute, ambiente e clima sono gli attuali campi in cui, ancor più, spadroneggia l'onnipotenza dello Stato. D'altra parte, la stessa retorica del *Welfare State* viene volentieri rimodulata in base alle sempre ricorrenti emergenze.

È vero che l'apocalittica epidemiologica ha, in questi mesi, oscurato l'apocalittica ambientalista e climatica, ma la seconda – che mai ha patito ostacoli – godrà di una strada ancor più larga da percorrere grazie a quanto è potuto avvenire in nome della prima.

Le folle, costituite soprattutto da giovani sognatori ingenui, accorrono per porsi in ascolto del nuovo verbo che invita a pentirsi dall'aver usato la plastica e a convertirsi alla sobrietà e alla frugalità, virtù monastiche che praticano solo a parole perché questi giovani – condannati all'eterna adolescenza – non riusciranno mai a separarsi dal loro smartphone, cresciuti, come sono stati, in ogni genere di viziata comodità ("viziata" più che "capitalistica"). E i nuovi savonarola che predicano nell'imminenza della ormai certa apocalisse sono i profeti planetari che sembrano immersi in una dimensione che oscilla tra il misticismo cosmico e l'ascetismo naturalista.

In preda a questo trasporto ecologista (il virus ambientalista si dimostra estremamente contagioso), non pochi hanno messo in relazione la supposta emergenza climatico-ambientale con la reale emergenza sanitaria.

C'è stata anche una certa speculazione propria dell'apocalittica ambientalista che ha visto nel virus una sorta di punizione ecologica. Vi sono ingredienti sufficienti per generare un diffuso senso di trepidazione se non, addirittura, di panico sociale. Panico e terrore non sono mai buoni compagni tanto meno quando queste reazioni rischiano di essere collettive.

Questo eco-catastrofismo ha ora trovato un ispiratore assolutamente inaspettato nella figura del capo della Chiesa Cattolica per il quale il cristiano di oggi, in unione ad ogni uomo, deve riconoscere un nuovo compito, «forse il più importante»: quello di «difendere la nostra Madre Terra».

A fronte dell'ideologia ambientalista, la pandemia ha ancor più dimostrato i benefici della scienza, del progresso, dell'industria. Cioè tutto ciò contro cui si scagliano i catastrofisti verdi. Non solo, ma ha anche dimostrato l'utilità dello spettro per eccellenza costituito dalla plastica. La diffusione del virus maligno ha segnato anche la rivincita della plastica, dei dispositivi monouso (dai bicchieri igienici alle ormai indispensabili mascherine), così come delle macchine e delle strumentazioni mediche (che, anche per le strutture pubbliche,

sono sempre prodotte e fornite da industrie private). Come avrem-
mo fatto senza plastica e senza oggetti "usa e getta" (tra questi i
"dispositivi di sicurezza personale": mascherine, camici e guanti di
lattice)? Sembra, cioè, che dinanzi all'insorgere di veri problemi con
cui scontrarsi, le fumisterie ideologiche non possano che sciogliersi
come neve al sole.

In realtà, più che aver seguito, l'emergenza ambientale ha prece-
duto quella sanitaria e l'atmosfera di panico provocato dalle profezie
del cambiamento climatico ha già prodotto un interventismo politico
di enorme portata. Ma – è ciò che voglio dire – i provvedimenti governativi che abbiamo patito e sopportato in nome del contenimento
virale hanno spianato la strada a qualcosa di simile o anche peggiore
che potrà capitarci nel prossimo futuro in nome della salute del pianeta. L'allarmismo verde non solo non teme le derive stataliste, ma
caldeggia e invoca il decisionismo politico rappresentando – manco
a dirlo – un formidabile connubio con il potere statale.

Oltre il morbo ambientalista, neanche il virus scientista deve
essere trascurato in queste considerazioni nelle quali ho più volte
espresso la mia convintissima stima per la scienza; e ciò che potrebbe
rappresentare una contraddizione, presumo essere niente altro che
una conferma. Lo scientismo, infatti, non è né conseguenza né parte
della scienza; della scienza è, piuttosto, la negazione e il tradimento.
Se la scienza è tale per il metodo di investigazione della realtà attraverso il solo confronto con essa, lo scientismo è l'uso improprio
del paradigma scientifico per giustificare il pregiudizio. Tra scienza
e scientismo, quindi, vi è la stessa distanza che passa tra ragione e
razionalismo. Per cui, come il razionalismo è la tomba della ragione
perché ne oscura irrimediabilmente le potenzialità, così, similmente, lo scientismo è la fine della scienza perché irreparabilmente la
sottomette ad uno schema predefinito.

Per completare quanto detto a proposito dell'utopia della salute
perfetta, se lo scienziato è consapevole che la propria ricerca deve
tendere a contrastare la malattia del concreto paziente, lo scientista persegue il traguardo dello «stato di completo benessere fisico,
mentale e sociale» dell'astratta umanità.

Scienza e scientismo si differenziano, quindi, innanzitutto per il metodo: metodo realista per la scienza, metodo idealista per lo scientismo.

In situazioni come quelle che sono state affrontate con la pandemia, il ruolo degli esperti non può essere ridimensionato. Diremo presto che sarebbe un errore assolutizzare questo contributo, ma ciò non toglie che si tratta di un contributo insostituibile.

Anche i migliori scienziati, anche coloro che sanno molto più di tutti noi, comunque, non saranno mai in grado non solo di sapere tutto, ma neanche di sapere tutto ciò che occorrerebbe sapere nel solo ambito delle proprie competenze. Ed allora, ribadendo l'indispensabile contributo che devono continuare a dare gli uomini di scienza, si può anche dire che gli scienziati sono più credibili quando riconoscono i propri limiti, quando ammettono gli errori piuttosto che quando ostentano sicurezza o quando vantano successi. Lasciamo, convenientemente, che la scienza faccia la sua parte ma, dato che la scienza è portata avanti da uomini, occorre sempre ricordare che ogni attesa eccessiva è destinata a sonore delusioni. Il vaccino per questo scientismo che suppone scienziati onniscienti (come in medicina così in economia, come vedremo nel prossimo capitolo) è la realistica consapevolezza che non solo alla sofferenza e alla morte, ma anche ai difetti, agli errori e agli abbagli non vi saranno mai rimedi sufficienti. È, perciò, inevitabile che la mentalità scientista non solo non sia di alcun vantaggio, ma comporti solo ostacoli per il buon progresso delle conoscenze. Al contrario dello scientista perfettista, l'uomo di scienza sa di dover procedere tra continue possibilità di sviste e di sbagli. Anzi, meno viene mitizzata la scienza, più lo scienziato è capace di procedere con pragmatismo; più vi è umiltà nella ricerca, più questa evita l'auto-compiacimento accecante; più si lega il progresso al fallibilismo, più spedito è il cammino della civiltà.

Parlavo di metodo scientifico. Ebbene: si procede per evitare gli errori, ma il peggiore errore nel procedimento scientifico sarebbe quello di escludere la stessa possibilità di sbagliare. Ancora una volta, ciò rende la differenza tra la ricerca seria e il perfettismo scientista.

De-mitizzare significa evitare di attribuire un'infallibilità ad acquisizioni che, invece, procedono difficoltosamente attraverso *trial*

and error, tentativi ed errori. Per alleggerirsi della zavorra ideologica, occorre abbandonare quel perfettismo di cui ho già parlato a
proposito sia dell'utopia della completa sicurezza sia del mito della
salute totale. E, realisticamente, prendere atto che il cammino per
il miglioramento è ben diverso dalle teorie utopiche.

Un tono di infallibilità i ricercatori se lo danno quando si colletti-
vizzano nella "comunità scientifica" internazionale. E, così, quando a
parlare è la "comunità scientifica" si entra in un'aura di onniscienza.
Ma la ricerca scientifica non è un ente collettivo; essa è semplicemente composta da una pluralità di individui che accrescono i risultati
non in modo mistico-corporativo, ma attraverso ciò che ciascun
individuo riesce a mettere a disposizione di tutti. La "comunità
scientifica" va, invece, de-mitizzata a vantaggio dei singoli sforzi e
dei risultati individuali.

In Italia, non dissimilmente da ciò che è avvenuto negli altri Stati, il governo ha insediato un Comitato Tecnico-Scientifico con lo
scopo di ricevere costantemente il parere dei migliori consulenti.

Quindi tutto il potere agli scienziati? Non giudicherei affatto positivamente questa scelta e non solo perché la sostituzione del potere
dei politici con quello degli scienziati mi appare un'allarmante nuova
edizione di ciò che hanno provato a fare gli intellettuali. Ancora una
volta, proporrei come criterio il principio della complessità del reale
e la conoscenza di quanti più fattori possibile.

Come il medico dev'essere ascoltato, ma solo in alcuni casi gli si
delega la decisione, così il consulto degli esperti è fondamentale, ma
occorre tener in debita attenzione altri importanti elementi della realtà. Possiamo affidare tutta la nostra vita al medico? Il medico deve
dirci qual è il modo migliore per guarire (se questo modo è di sua
conoscenza e se questo modo esiste); non può sostituirsi al paziente
che deve poter scegliere se correre qualche rischio. È il caso di chi
deve, comunque, lavorare per assicurare la sopravvivenza dei familiari o della mamma che, pur sapendo di essere gravemente malata,
preferisce, contro il parere dei medici, portare avanti la gravidanza
o il caso di quei genitori che non sopprimono il figlio nascituro pur
avendo saputo che sarà portatore di più o meno seri deficit. Ebbene,
dare tutto il potere decisionale al medico, significa assolutizzare un

elemento della vita – magari anche prioritario in quel momento – a scapito degli altri fattori che, comunque, esistono e che, perciò, sarebbe un errore escludere o anche solo indebitamente ridimensionare. L'uomo di scienza, come l'esperto, deve essere consultato e deve essere scrupolosamente ascoltato. Ma a decidere deve essere il soggetto sulla cui vita gravano le conseguenze della decisione medica. Ovviamente anche la scelta di affidarsi totalmente al medico, allo specialista, all'esperto, allo scienziato è una decisione legittima, anzi addirittura saggia il più delle volte, anche se "il più delle volte" non significa "sempre". È questa una scelta che si abbraccia quando si ha la percezione di ignorare molti altri aspetti del problema; è una scelta di ripiego che, per quanto assai più frequente di quanto possa ritenersi, è, però, ragionevole. Vieppiù, una decisione consapevole tanto più è ragionevole quanto più si hanno chiari gli elementi oggetto di valutazione.

Ora, il medico, lo scienziato o l'esperto di un determinato settore, si trasforma in cattivo consigliere se assolutizza il proprio traguardo.

Sarebbe un disastro disattendere le indicazioni che provengono della scienza, ma non sarebbe meno pericoloso scivolare nelle possibili forme di scientismo la cui principale modalità è rappresentata dalla credenza in base alla quale niente come lo Stato può garantire salute e protezione, una superstizione, questa, che conduce l'uomo ad affidarsi allo Stato, considerato risolutore e salvatore.

Al pianeta sanitario, per molti motivi, può essere abbinato quello dell'istruzione. Infatti, attraverso la scuola e la sanità, lo Stato intende dimostrare la propria insostituibilità nella vita delle persone accompagnando ciascuno "dalla culla alla bara". Perciò nessuna seria critica al *Welfare* può prescindere da questi settori: «sapere e cura: sono queste le frontiere principali sulle quali si misurerà sempre di più la civiltà di nazioni che vogliano promuovere una nuova centralità della famiglia e dell'uomo. E, con esse, una più avanzata idea di libertà» (Ferdinando Adornato).

In opposizione allo zucchero della devozione per la scuola pubblica e democratica si pone il sale caustico della letteratura libertaria che vede nella scuola di Stato un vero e proprio mostro che determina un inescusabile monopolio, ribalta la centralità della famiglia, crea una terribile omologazione e un temibile appiattimento qualitativo verso il basso, causa una grave debilitazione sociale con l'espansione del pubblico impiego e con la dilatazione della pretesa dei diritti. Un mostro che fa avanzare tutto ciò che di negativo comporta l'opera dello Stato accrescendo il potere centrale, allungando i tentacoli politici, allargando la spesa, facendo lievitare i costi. Una sola cosa diminuisce: la libertà, con la riduzione della discrezionalità delle famiglie e delle scelte individuali.

Volendo ribaltare completamente l'assioma delle prerogative dello Stato anche in materia educativa, la disapprovazione può rivolgersi, innanzitutto, all'assorbimento da parte del potere politico di funzioni che *per natura* non appartengono a questo sino a giungere ad un monopolio che, se non lo è di diritto, lo è di fatto; un quasi monopolio cui si è giunti mediante un costante esproprio del ruolo della famiglia e una progressiva emarginazione dell'iniziativa privata. Non è ovviamente questa la sede per un giudizio sul monopolio in sé; è sufficiente distinguere quelli naturali da quelli imposti. I monopoli frutto di coercizione e di violenza sono inaccettabili e i più deleteri sono quelli di Stato. A proposito della nociva esclusiva educativa che lo Stato avoca a sé in materia scolastica, cito – per la prima volta in queste pagine – il grande opinionista francese Frédéric Bastiat che, a difesa della libertà scolastica, affermava: «tutti i monopoli sono detestabili, ma il peggiore di tutti è il *monopolio dell'insegnamento*».

Dicevo che occorre distinguere i monopoli che possono crearsi spontaneamente da quelli che sono frutto di imposizione. Tra questi ultimi, i monopoli di Stato sono i più difficili da vincere non solo per la sproporzione della forza dell'avversario contro cui combattere, ma soprattutto per il carattere stesso dell'avversario che, sentendosi autorizzato – formalmente per il "bene comune" – ad agire in egemonia assoluta, rivela un connotato tendenzialmente totalitario.

Chiudo questi cenni al monopolio dello Stato con un'osservazione specifica e con una constatazione generale. La prima riguarda il modo con cui il monopolio dello Stato nel campo dell'insegnamento di ogni ordine e grado rimane stringente anche consentendo una formale pluralità. Ciò avviene sia attraverso una stretta normativa centralistica a cui nessuna istituzione può sottrarsi, sia attraverso l'attribuzione del valore legale al titolo di studio attribuzione che rende ogni risultato finale omologato ai criteri governativi.

La constatazione generale riguarda ogni forma di privilegio che lo Stato attribuisce a sé e alle proprie istituzioni e si esprimerebbe con l'equazione "monopolio uguale inefficienza". È ciò che ho provato a descrivere pure per l'ambito sanitario e questo principio non può certo non applicarsi anche al campo educativo. Mancando del confronto che solo la concorrenza può offrire, vengono meno quegli stimoli e quegli incentivi che sono propri dei sistemi che devono continuamente migliorarsi. «Naturalmente, un monopolio burocratico è un modo molto inefficiente di fornire servizi di qualità. Se non ci fidiamo più della capacità dello Stato di produrre acciaio, perché dovremmo aspettarci che abbia successo nel compito molto più complesso e delicato di tramandare conoscenze e valori a milioni di bambini diversi?» (David Boaz). Ogni monopolio non può che produrre inefficienza ed alti costi.

E come l'intervento dello Stato si contrappone all'iniziativa privata, allo stesso modo il monopolio si oppone alla concorrenza. È, infatti, la libera concorrenza ad offrire il modo di rendere i servizi competitivi perché essi sono posti nella condizione di essere scelti o di essere sostituiti, di essere accettati o di essere rifiutati. Se è vero che, in pura linea di principio, mettere i servizi pubblici in concorrenza con competitor privati sarebbe di stimolo anche alla gestione statale è ancor più vero che questa onestà è stata quasi mai applicata perché nessuna amministrazione pubblica si sottometterebbe al giudizio del mercato.

La scuola rischia di essere il braccio tentacolare di uno Stato tendenzialmente totalitario, non solo quando nel passato ha impartito insegnamenti bolscevichi o fascisti, quando è stata diretta espressione del partito o quando si è posta a manifesto servizio dell'idea della rivoluzione (permanente o meno che sia); la scuola è diramazione totalitaria anche solo quando concepisce se stessa in modo "assoluto", "autoreferenziale" ed "etico". In parole più semplici: quando anziché essere semplice prolungamento delle famiglie è ideale emanazione dello Stato e delle istituzioni politiche.

La libertà educativa è qualcosa per cui spendersi e lottare, un'altra trincea nella quale regge o crolla la coscienza della resistenza agli espropri. Alle confische ordinarie, va sempre e purtroppo aggiunta quella dell'educazione dei figli perché la scuola pubblica è totalitaria sottendendo la proprietà delle giovani generazioni. Se i figli appartengono alle famiglie e ai propri genitori perché devono essere educati dallo Stato?

Non si tratta, ovviamente, di evitare l'istruzione; si tratta, invece, di restituire alle famiglie la scelta della scuola. Senza neanche escludere che possano esservi famiglie – magari in cooperazione – che si organizzino "in proprio" e curino in modo non mediato la formazione e l'istruzione dei propri figli. In Italia ciò è anche illegale, ma in diversi Stati degli USA la pratica dell'*homeschooling* è largamente adottata. La "scuola domestica" «rappresenta la tendenza da parte dei genitori ad assumersi direttamente la responsabilità della formazione dei propri figli. I risultati pratici sono stati sorprendenti. Non possiamo considerarlo un modello universale, ma per coloro che possono e lo desiderano è un modo eccellente di procedere» (Robert A. Sirico).

Come dovrebbe risultare innaturale che sia un'istituzione fredda, attraverso una filiera di impiegati, a preoccuparsi dell'educazione dei giovani, così, invece, dovrebbe risultare naturale che le decisioni che riguardano i figli siano assunte dalle famiglie responsabilizzando il più possibile i genitori. Una delle conseguenze dell'istruzione assunta dallo Stato è la deresponsabilizzazione delle famiglie. I genitori sapranno sempre meno della scuola dei figli e le scuole saranno sempre più arbitrarie nei confronti delle famiglie.

Contrariamente agli slogan più ripetuti in ambito scolastico, famiglie e Stato hanno interessi contrastanti. Dalla parte di quest'ultimo, ovviamente, devono porsi i partiti e i sindacati il cui spazio di azione è tanto maggiore quanto minore è lo spazio decisionale delle famiglie.

Lo Stato diviene maestro – dopo aver sostituito l'imprenditore, il medico e il genitore – e, senza oramai temere troppo la concorrenza delle famiglie, impone il proprio *cliché* educativo. In base al presupposto costruttivistico secondo il quale la società va profondamente trasformata "dall'alto" mediante la funzione legislativa, la scuola si è negli ultimi decenni prestata a svolgere il ruolo di palestra ideologica per gli esperimenti culturali più arrischiati.

Lo Stato educatore teme la concorrenza e, dietro l'ideale dell'elevazione delle masse, impone l'obbligo scolastico in forza del quale ogni giovane non può sottrarsi ad anni di indottrinamento. In questo modo, l'obbligo scolastico diviene una versione aggiornata dell'obbligo a prestare il servizio militare. Non a caso, accanto all'istruzione scolastica, tra le grandi modalità utilizzate dallo Stato per "nazionalizzare le masse" vi è stato l'inquadramento propriamente militare.

Le giovani generazioni si adattano, si abituano a farsi mantenere passivamente. Tutto sembra loro dovuto grazie alla mentalità fomentata dalla scuola pubblica. Gravissima forma di deresponsabilizzazione. In fondo, tutto ciò è reso possibile dall'obbligo scolastico. La stessa vita familiare è resa burrascosa dalla volgare scapestratezza che i ragazzi assimilano con gli atteggiamenti tipici del "branco", del branco scolastico. Con grande sofferenza dei buoni genitori. Personalmente, ho difficoltà a condividere gli argomenti più in voga (anche in ambito ecclesiale) in forza dei quali la scuola pubblica dev'essere considerata il bastione contro le devianze e il baluardo della "legalità" nelle zone a rischio crimine. Penso, invece, che tra i due poli (scuola pubblica e crimine) vi sia un legame sotterraneo molto forte che si manifesta soprattutto nell'indebolimento delle famiglie, nell'infiacchimento della società dovuto agli spazi che lo Stato ha tolto a questa ed ha fallimentarmente avocato a sé.

Ovviamente la responsabilità di questo spaventoso abbassamento del livello culturale è da attribuire a quelle forze politiche che massimamente hanno puntato sul monopolio statale dell'istruzione e su quelle forze intellettuali che massicciamente si sono fatte promotrici dell'ugualitarismo sociale.

Che sistema sarà mai quello i cui meccanismi escludono il merito? Perché tutti possano trovare vantaggi, è necessario che ai migliori non sia ostacolato il cammino e siano riconosciute le loro capacità. In un sistema statale è, però, quanto mai difficile tutto ciò: il riconoscimento del merito tanto per gli insegnanti quanto per gli studenti è impervio in un sistema animato da principi egalitaristi e da dinamiche burocratiche e, in ultima istanza, politiche.

Ho sostenuto che la società generata dalla scuola di Stato è una società diseducata alla responsabilità personale ed allo sviluppo della creatività. Lo Stato, in particolare mediante il sistema pubblico d'istruzione, produce un circolo vizioso che rappresenta una grave malattia per la società: da un lato, diseduca all'iniziativa e, dall'altro, viene oltremodo invocato da soggetti ormai deresponsabilizzati che chiedono sempre nuova assistenza. In questo orizzonte, dove l'uniformità, l'ugualitarismo e il conformismo imperano, è molto facile «addomesticare, indirizzare e riplasmare», «manipolare, istruire e rendere obbediente la massa», ma anche «opprimere e soffocare» (Murray N. Rothbard).

Nell'appiattimento verso il basso e verso l'omologazione totale, non c'è da meravigliarsi che gli "uomini grandi" siano quasi in estinzione e la stragrande maggioranza sia incline verso adattamenti di comodo. Sono gli "uomini piccoli" a ricercare in ogni situazione la tutela e la protezione dello Stato al contrario dei "grandi uomini" che, invece, si sentono limitati e frustrati dal "mostro". E neanche c'è da meravigliarsi che il potere della massa dei conigli cinga di assedio la posizione dei leoni invocandone costantemente l'esproprio.

In questa contrapposizione tra parassiti e produttori – vera "lotta di classe" – un forte peso politico lo ha l'accrescimento del numero dei pubblici impiegati.

Concludo queste considerazioni generali sull'istruzione pubblica con un riferimento che, a mio avviso, ricapitola tutti i possibili altri: il tema del "diritto all'istruzione" variamente declinato come "diritto alla scuola", "diritto allo studio", ecc. Superfluo dire che esso rientra nel sempre più esteso campo dei "diritti positivi" e, come tali, da considerare – in opposizione ai "diritti naturali" – pretesi per via politica. Si tratta di un "diritto positivo" perché pretende qualcosa da qualcuno («ho il diritto di essere mantenuto a scuola»), mentre un vero diritto è quello che evita una violenza («ho il diritto a non essere costretto dallo Stato a studiare»). In campo educativo l'unico diritto da vantare è quello che i genitori dovrebbero rivendicare: il diritto a scegliere la scuola per i propri figli e ad escludere lo Stato anche dal campo educativo (che è molto di più che non essere semplicemente considerati subalterni allo stesso Stato).

Dopo quanto detto nelle precedenti pagine, non dovrebbe risultare strano sentirmi affermare che, in nome del bene dei nostri giovani, la priorità dovrebbe essere individuata non nel rendere possibile la "normale" attività didattica, ma nell'abolizione dell'intera scuola di Stato.

Invece la strada perseguita – come in ogni emergenza – non è quella della revisione del monopolio pubblico con l'auspicabile conversione a favore del servizio privato, ma il rafforzamento del servizio di Stato. E, così, abbiamo assistito a una gran quantità di spese per gli adeguamenti degli edifici (dimenticando che, ordinariamente, sino a febbraio, mancavano le risorse per mettere in sicurezza le strutture scolastiche, la gran parte delle quali risultavano inadeguate o addirittura fatiscenti), milioni di nuovi banchi e grandi quantità di attrezzature (quando ogni preside, precedentemente, lamentava la carenza di ammodernamenti) e, soprattutto, decine di migliaia di nuove assunzioni in nome della superiore esigenza del futuro dei giovani.

Metto, quindi, in discussione i dogmi su cui si basa l'intera retorica dell'istruzione di Stato e mi domando: piuttosto che versare nel sistema pubblico somme stratosferiche che saranno inghiottite come in un buco nero, piuttosto che procedere con assunzioni di centinaia di migliaia di impiegati sottratti al lavoro produttivo e, quindi, al progresso dell'umanità, perché non far tesoro della triste circostanza dell'epidemia per abbandonare il fallimentare modello di servizio offerto dallo Stato e decretare, finalmente, il tramonto della scuola pubblica, così come è oggi "costituzionalmente garantita"? Il Covid sarebbe, quindi, l'occasione non per un'improbabile rilancio, ma per un'opportuna sepoltura della istruzione di Stato i cui risultati possono essere solo considerati misfatti, terribili misfatti.

Stato forte con i deboli, debole con i forti

Una caratteristica dell'azione dello Stato è di essere forte con i deboli e debole con i forti. Il contesto della pandemia mi sembra che abbia largamente confermato questo ambiguo comportamento e, in alcuni emblematici casi, la caratteristica è emersa con una tale contraddittorietà (o piuttosto "coerenza") da suggerire qualche commento.

I politologi sono soliti parlare di "Stato di polizia" come di una variante (spesso se ne parla quale "degenerazione") dell'organizzazione politica. Ho voluto precisare, però, sia che non ogni organizzazione politica coincide con ciò che chiamiamo "Stato" sia che quest'ultimo è alternativo alle forme organizzative naturali proprie della società. Può essere ora utile sottolineare che la coercizione, la coazione, la sopraffazione sono caratteristiche costitutive di ciò che chiamiamo Stato. Infatti, se è vero che gli uomini si organizzano naturalmente in società per difendersi dalla violenza, è anche vero che lo Stato è quella particolare forma di organizzazione che non potrebbe neanche nascere senza un più o meno esteso esercizio della violenza.

Quando si parla di "Stato di polizia" si usa distinguere questo dallo "Stato di diritto". In realtà, come ho provato ad esprimermi altrove, i due momenti sono distinti solo formalmente. Ma trascuriamo ciò che è relativo al secondo e soffermiamoci sul primo. Per "Stato di polizia" si intende una situazione politica in cui l'autorità si fonda su un esercizio arbitrario e terrorizzante della forza. La definizione non è delle migliori perché mette in cattiva luce la "polizia" che dovrebbe rivestire un ruolo protettivo, ma soprattutto la definizione non è adeguata perché la negatività dello "Stato di polizia" sembra contrapporsi allo "Stato" inteso come qualcosa di intuitivamente benefico. Invece, ciò che chiamiamo Stato è pur sempre fondato su qualche arbitrio e si mantiene grazie alla legalizzazione di questi arbitri e mediante la legittimazione propria dello "Stato di diritto".

Il *lockdown* ha reso plastica la sensazione di un accerchiamento della società da parte dello Stato mediante le forze di cui dispone. Durante quelle settimane, sui social rilanciai una serie di post su "virus e Stato di polizia" allo scopo di dire la mia a proposito di questa improvvida prova muscolare del governo.

Ho trovato innanzitutto ridicolo che le forze di polizia venissero utilizzate per controllare le auto-certificazioni o che le stesse improvvisassero blitz nei confronti di chi stava arrostendo la bistecca nel proprio giardino. Ma è capitato anche questo ed è bene annotare ciò che un giorno sarà facile dimenticare.

Con i metodi ferrei (applicati facilmente nei confronti dei deboli), nel periodo di chiusura del Paese, lo Stato si è certamente squalificato, ed anche se si accreditava come paternalista salvatore, ha mostrato la propria azione come antagonista – non come alleato – della società. Ma in questa squalificazione, governo e Stato sono riusciti a coinvolgere anche gli uomini delle Forze dell'Ordine, ridotti e scaduti a scherani di regime. Con la tracotanza spesso adottata, con le glaciali norme e le multe salatissime comminate a chi, generalmente, si muoveva per necessità, l'immagine dei difensori della giustizia è risultata compromessa ed offuscata.

Il pugno di ferro, tuttavia, non si è applicato ovunque. Innanzitutto non si è applicato verso gli extra-comunitari, i clandestini, i migranti. Nei confronti di costoro si è chiuso un occhio e spesso anche l'altro. La soffocante normativa, i controlli da copri-fuoco, le obbligatorie auto-certificazioni che hanno complicato la vita a milioni di italiani e messo in ginocchio l'economia del Paese, non hanno avuto alcuna applicazione per i nuovi privilegiati.

Effettivamente, a causa dell'epidemia il governo ha bloccato gli italiani, ma non si è preoccupato affatto di fermare scafisti e clandestini. Si potrebbe dire: quello migratorio è un fenomeno incontenibile che neanche il *lockdown* può frenare. Ho i miei dubbi. Dipende dal segnale che si offre e si vuol dare: se viene garantita sempre e comunque l'ospitalità, allora non vi saranno mai soste nel flusso degli arrivi e di questo flusso – con gli annessi morti e con il prosperosissimo indotto criminale – sono responsabili, politicamente e moralmente, tutti coloro (autorità e opinionisti, leader religiosi e associazioni varie) che hanno contribuito a mantenere le porte spalancate.

Ancora: mentre il governo impediva l'ingresso ai turisti, il numero degli sbarchi aumentava a dismisura e il governo, animato dal più stucchevole terzo-mondismo, con largo impiego di uomini e mezzi non risparmiava spese, oltretutto in un momento in cui molte famiglie italiane iniziavano ad essere in gravissime difficoltà. Il comparto turistico pativa le chiusure mentre il lavoro si incrementava per le cooperative a cui il governo appalta i servizi per i migranti. Il paradosso era nel contestuale respingimento dei turisti (ad iniziare dagli americani, notoriamente i migliori clienti) e dall'accoglienza indiscriminata dei migranti.

Infine va detto che molti di questi sono risultati positivi al Covid-test e, in condizioni di assembramenti, hanno ulteriormente esteso il contagio. Il governo si è limitato a tranquillizzare gli italiani ma, intanto, per questi si profilavano già nuove misure restrittive per contenere la nuova crescita della curva epidemiologica.

Alternando esempi di atteggiamento debole con i forti (come è il caso dell'atteggiamento nei confronti dei migranti) e esempi di atteggiamento forte con i deboli, mi sembra utile proporre qualche breve considerazione sul giustizialismo manifestato riguardo ai decessi nelle cosiddette RSA.

Ebbene, gli uffici giudiziari delle province lombarde, nonostante l'interruzione dovuta al *lockdown* e nonostante il cronico alto numero dei procedimenti in attesa, malessere in cui da sempre si dibatte l'amministrazione italiana della giustizia, hanno deciso di dare rilevanza a segnalazioni e di procedere ad indagini che, sin da subito, hanno rivelato questioni di difficoltoso accertamento ed hanno richiesto nomine di staff di medici e periti per appurare eventuali omissioni all'origine della morte dei quasi centenari ospiti delle case di cura. Da sottolineare: decessi avvenuti in una situazione di totale emergenza per la quale, in quei frangenti, in Lombardia non era possibile neanche dare sepoltura ai troppo numerosi feretri.

I mesi del Covid sono stati anche i mesi in cui la magistratura italiana ha dovuto riconoscere di essere profondamente infetta dalle peggiori abitudini che si annidano nella pubblica amministrazione: corruzione, carrierismo, favoritismi, collusioni, raccomandazioni, cordate di potere, incroci di favori e, soprattutto, grande sete di potere radicata proprio in chi costantemente fustiga i vizi che si annidano nell'ambito politico e predica a favore della correttezza della vita democratica.

Dalle denunce dei familiari degli anziani morti per Covid nelle case di riposo si sono avviate le indagini e perciò un'annotazione polemica voglio riservarla proprio a loro. Non sono forse sospette queste manifestazioni di raccapriccio o questo desiderio di accertamento giudiziario della causa dei decessi di quegli anziani (spesso ultra novantenni) che non erano stati mantenuti in casa, ma affidati agli ospizi? Ora che, grazie alle inchieste, c'è odore di risarcimento, l'impegno dei congiunti stranamente si moltiplica; si fanno ritrarre all'esterno dei tribunali («vogliamo giustizia, non vendetta», certo, certo...) e reclamano i propri diritti a conoscere una verità che, però, deve innanzitutto tener presente che questi anziani non hanno trovato posto nelle case dei familiari per essere, più comodamente, affidati alle RSA.

Vorrei proporre ancora un altro caso ed è l'ultimo esempio che intendo sottoporre all'attenzione del lettore. Mi riferisco al trattamento riservato dallo Stato ai criminali, soprattutto a quelli di più forte spessore. La debolezza dello Stato nei confronti di costoro, in periodo di coronavirus, si è manifestata in due momenti (forse tristemente collegati): la rivolta nelle carceri e la scarcerazione di centinaia di boss.

Partiamo dalla rivolta dei detenuti che riguardò varie carceri della Penisola. Le sommosse provocarono il ferimento di diverse decine di agenti di polizia penitenziaria, la devastazione di una settantina di istituti penitenziari (su un totale di 189 carceri giudiziari attivi in Italia), varie centinaia di evasi e quattordici morti tra i reclusi (quasi tutti per overdose perché i tossicodipendenti si avventarono sulle infermerie per saccheggiarle). Le rivolte ebbero come motivazione la sospensione dei colloqui con i familiari e il pericolo dei contagi e ha riguardato alcune migliaia di condannati.

Intanto il Bel Paese offriva al mondo intero un'immagine di sé davvero abietta: un Paese sempre più in balia dei prepotenti e in cui le cosche comandano anche quando boss e gregari sono assicurati alle patrie galere. Una nazione di cui vergognarsi. Si potrebbe dire senza timore di cinismo che quella sequenza sconcertante di immagini (penitenziari in fiamme, evasioni in massa, uomini delle forze dell'ordine impotenti, familiari dei detenuti urlanti) non è niente altro che l'immagine adeguata di ciò a cui si è ridotta l'Italia repubblicana, democratica, antifascista e progressista. E dimenticavo: europeista. E dimenticavo ancora: solidale e altruista. Per dare merito a Mattarella, meglio ricordare tutti questi aggettivi. Sarebbe bastato poco, in fondo, per domare le rivolte e per punire i ribelli. Ma queste soluzioni sono proprie dei Paesi seri. Noi, invece, vogliamo essere un Paese civile e quindi riteniamo che la colpa di quanto successo sia da ricercare nell'insufficiente attenzione politica verso il mondo penitenziario. E, quindi, vai con nuovi stanziamenti e nuove assunzioni di assistenti sociali e psicologi.

Un ultimo pensiero. Le scarcerazioni sono state giustificate per il timore del contagio, ma quale luogo è più sicuro del penitenziario o, ancor più, della cella d'isolamento grazie al 41bis? Non esistono edifici a miglior tenuta di isolamento che le carceri, soprattutto se di massima sicurezza. Oppure anche nei penitenziari sono consentiti "vertici" e meeting di lavoro tra detenuti e personale esterno? Ai detenuti, a differenza di chiunque altro, è risparmiata anche l'incombenza di andare al supermercato per i rifornimenti di cucina. Quale, dunque, luogo più sicuro degli istituti penitenziari? In essi il contatto con l'esterno dovrebbe essere ridottissimo. Non c'è maggior rischio nel far tornare queste persone alla ordinaria vita quotidiana? Alle origini delle rivolte vi era la sospensione delle visite dei familiari dei detenuti. Misura che sembrerebbe di ovvio buon senso per tutelare i reclusi. Al contrario del buon senso, la scarcerazione dovrebbe aumentare, non diminuire il rischio di contagio per i detenuti.

Il virus dello statalismo

«Il prezzo della libertà è l'eterna vigilanza». È, questa, una frase famosa nella tradizione americana ed è attribuita, convenzionalmente, a Thomas Jefferson, probabilmente, la figura preminente dell'indipendenza degli Stati Uniti. Perché ho citato l'esortazione contenuta nella nota affermazione? Perché la libertà non è una condizione che si ottiene senza sforzo; anzi questo sforzo dev'essere continuo perché anche i migliori risultati possono essere facilmente compromessi e rapidamente perduti. È una lotta costante; una battaglia che spetta combattere ad ogni generazione. Ogni assopimento può comportare gravi conseguenze. Si tratta, però, di una lotta che è l'esatto contrario di quelle che si è ormai abituati ad osannare: infatti non è una rivendicazione per ottenere qualcosa dallo Stato, bensì una lotta per evitare che il potere conceda qualcosa (e, di conseguenza, che pretenda altro). Difatti, la libertà si custodisce mettendo e mantenendo lo Stato sotto assedio. Se la più crassa illusione è quella di pensare che lo Stato garantisca le libertà individuali, la più realistica difesa della liberà coincide con il proposito di ridurre ogni intervento da parte del potere politico. Con il grande economista von Mises occorre sempre ripetere che «la libertà è sempre libertà dallo Stato» mentre ciò che giunge grazie allo Stato – si può ben esserne certi – è sempre contraccambiato con un ridimensionamento di spazi di autonomia individuale.

L'organizzazione statale tende sempre ad espandersi; per poter sopravvivere ha bisogno di sempre nuovi clienti da beneficare e sempre nuovi campi da cui attingere. Alla sete di sempre nuove competenze da assorbire corrisponde la necessità di soddisfare una sempre più vasta platea di assistiti. Ovviamente questo dissanguamento dei ceti produttivi avrà un termine fisiologico, ma sino a quel momento il moto sarà sempre dilatante. Un movimento dilatante sino all'inevitabile implosione dovuta al completo svenamento della società e delle forze imprenditoriali che la animano; similmente a quanto avvenuto nei sistemi comunisti la cui caratteristica era ed è l'edificazione dello Stato perfetto.

Quindi è nella natura dello Stato il carattere ipertrofico: lo Stato è sempre espansionistico; tende sempre ad estendersi. L'ampliamento (indefinito, ma non infinito) del potere politico-burocratico può essere considerato una legge delle scienze sociali, una costante che si è delineata come legge di Parkinson in relazione all'allargamento dell'apparato statale o come "legge di gravità" del potere. Fu il saggista americano Albert J. Nock a suggerire la conflittualità tra "potere sociale" e "potere statale" dal cui antagonismo derivano epoche di prosperità quando a prevalere è il primo, improntato sulla cooperazione, sulla trasformazione delle risorse naturali e sullo scambio volontario, e epoche di declino quando avanza il secondo potere, quello basato sul controllo, la pianificazione e l'accentramento.

La filosofia dell'emergenza, la prassi della somma urgenza e il requisito della inderogabile necessità sono condizioni che mettono gravemente in pericolo le libertà individuali perché offrono immancabilmente al ceto politico occasioni straordinarie (accanto e più delle occasioni "ordinarie") per accrescere il proprio potere nel consenso universale, o quasi, con interventi che giustifichino l'espansione dello Stato mediante il rafforzamento dei compiti già esistenti e con l'acquisizione di nuovi ruoli e nuovi spazi.

Momenti di emergenza, stati d'eccezione, situazioni di necessità, circostanze di urgenza giustificano interventi straordinari che, però, solo raramente vengono revocati.

Capita non solo che il potere politico approfitti per rendere duraturi o addirittura definitivi interventi e programmi messi in atto per fronteggiare necessità particolari, ma che queste stesse operazioni, a causa di impellenze – tanto più gravi sono queste, quanto più irrefragabili appaiono i relativi provvedimenti – costituiscano una costante spinta nella direzione dell'abitudine sia a considerare insostituibile il ruolo dello Stato, sia a rassegnarsi al suo crescente peso, sia a riconoscerne la insostituibilità. Ed è così che l'uomo moderno, maturo e non più dipendente da Dio, emancipato e progressista, finisce nelle braccia dello Stato, provvidente e sapiente, "dio mortale" (il *deus mortalis* hobbesiano), imitazione e sostituzione del Dio cristiano.

Senza allora escludere la possibilità di riconoscere legittimità ad alcune iniziative delle autorità, ben diversa è la situazione generale nella quale l'azione dello Stato risulta liberticida anche quando è animata dai migliori propositi. Alla luce di tutto ciò, come in tante altre circostanze analoghe, anche per quanto riguarda la pandemia, «c'è probabilmente più da temere da una reazione eccessiva dello Stato che dal virus stesso» (Duncan Whitmore).

Il modello italiano di governo ha avuto nella centralizzazione uno dei suoi caposaldi: non dissimilmente da ciò che si è realizzato soprattutto nel Vecchio Continente dopo la Rivoluzione francese, l'Italia unitaria non poteva che fondarsi sul superamento delle particolarità e sulla demolizione delle specificità locali. Il volto oscuro di questo centralismo si è manifestato nella secretazione di parte dei verbali del Comitato Tecnico-Scientifico (una volta resasi pubblica la questione, il capo del Governo si è premurato di precisare che i documenti non erano "secretati" – non vi era "segreto di Stato" – ma erano solo "riservati" per tutelare la privacy di alcuni componenti). Ma gli interrogativi restano a tutt'oggi (metà ottobre) irrisolti: cosa motiva l'apposizione del segreto governativo? Rispettare la privacy, evitare di scatenare il panico tra la popolazione, censurare gli errori e le indecisioni o, ancor più, coprire i contrasti tra politici e scienziati e i dissidi all'interno di ciascuno di questi due gruppi?

2

Si suicidarono per paura di morire. Considerazioni economiche

Tra economia e salute

NON C'È CIRCOSTANZA in cui, discutendo di coronavirus, non si faccia almeno qualche cenno alla crisi economica collegata alla pandemia. Spesso, questo richiamo – oltretutto inesorabile – viene avvertito con senso di disagio, quasi a dover scusarsi di una caduta di idealità, soprattutto se messo in relazione alle tante vittime del virus e alle supposte superiori necessità della tutela sanitaria, necessità alle quali ogni altra ragione sembrerebbe dover essere subordinata. Penso, invece, che, lungi dall'essere quella «scienza triste» descritta dal pensatore Thomas Carlyle, l'economia rappresenti uno spazio indispensabile di vitalità e di autentica "umanizzazione" dell'esistenza di ogni individuo. L'economia rappresenta, pertanto, un formidabile criterio per valutare lo stato dell'intera civiltà.

Tutto ciò palesa il mio interesse per l'economia e costituisce la premessa a quanto ora proverò ad esporre. Per puntualizzare ancora questa premessa sottolineo quanto sia improprio accantonare le valutazioni squisitamente economiche anche dinanzi a pericoli incombenti di ogni natura, non ultimi quelli sanitari.

Relativamente alle crisi economiche occorre distinguere cause esterne che, per quanto gravi, possono essere superate dalla ripresa della produzione e cause interne che, per quanto apparentemente sottovalutate o addirittura misconosciute, sono, invece, destinate a incancrenire l'intero processo economico. Le pagine che seguono proveranno a spiegare perché quando il benessere è messo in difficoltà – temporaneamente e più o meno improvvisamente – da un evento avverso, l'intervento dello Stato teso a sostenere le attività lavorative rappresenta la più grave ipoteca sulla successiva ripresa. Per esperienza, sappiamo che delle crisi non si è fatto tesoro dimostrando quanto sia vero che «coloro che non imparano dalla storia sono condannati a ripeterla» (George Santayana).

Mi ispiro alla tradizione della Scuola Austriaca di economia e non ne faccio mistero; e in questo fecondo solco mi muoverò anche questa volta per tentare di indicare e denunciare gli errori più comuni in cui si incorre quando sotto il peso di una sventura economica si implora, come rimedio, l'aiuto e l'assistenza dello Stato.

Forse non è superfluo ricordare che – volendo limitarci anche solo all'ambito europeo – la pandemia ha colpito società già fortemente debilitate e con economie in cronico affanno. Un quadro di decadenza che si protrae da tempo, ove la depressione economica non rappresenta più un'eccezione circoscritta a periodi delimitati, ma la regola.

Paralisi sociale e ingessamento economico hanno nello Stato l'unico vero colpevole. Tutti i parametri dimostrano come, in ogni epoca storica, l'accrescimento dei poteri dello Stato determina un indebolimento delle forze individuali operanti nella società e, anche nel nostro panorama contemporaneo, alla radice del costante stato di crisi dell'economia vi è la costante estensione dei poteri politici.

Questa divagazione sulle condizioni generali dell'economia pre-pandemia mi consente di poter già offrire un giudizio circa le conseguenze degli interventi di aiuto che lo Stato ha promesso ed assicurato a tutti i lavoratori per sostenerli nelle attuali situazioni. Gli effetti possono essere riassunti nell'ulteriore ridimensionamento della libertà e nell'affossamento delle condizioni di ripresa economica. Ogni manifestazione del potere politico comporta sempre una riduzione delle libertà individuali e un attacco ai diritti di proprietà. Non c'è richiesta rivolta alla pubblica autorità che non si sconti attraverso una qualche penalizzazione dell'autonomia personale, familiare, sociale nei confronti del potere e non c'è concessione da parte di questo che non corrisponda ad un ampliamento delle funzioni dello Stato. Come se ciò non bastasse, l'azione economica dei pubblici poteri genera una serie di effetti enormemente deleteri: crescita di debito e di pubblico impiego, moltiplicazione di realtà improduttive, burocrazia e parassitismo, indebolimento del risparmio e inflazione monetaria, moneta debole e alterazione dei meccanismi del credito, tassazione e disoccupazione, sindacalizzazione e mancata produttività, sclerosi della concorrenza e dell'innovazione, fuga di cervelli ed espatrio di capitali. Tutti questi fenomeni sono direttamente correlati agli interventi politici che sono tanto più nocivi quanto più si espandono.

Il primo effetto dei numerosi errori in cui incorre l'economia politica è fare di questa stessa scienza qualcosa di indecifrabile e oscuro. In realtà questa complicazione si ripercuote sugli stessi "esperti" che non solo si isolano dal mondo reale, ma si rendono protagonisti di dibattiti cervellotici e contorti. Tutto ciò ha un comprensibile motivo: solo se l'economia viene presentata come qualcosa di impenetrabile, il ruolo degli esperti diviene insostituibile e questi assurgono ad indispensabili sacerdoti, risolutori e decifratori dei misteri preclusi ai più. I naturali processi economici, invece, sono essenzialmente elementari – "elementari" e non "banali" – e solo un artificio interessato a porsi come insostituibile mediatore (da qui il ruolo degli esperti, dello Stato, degli economisti, dei cattedratici) può allontanare la naturalezza di questi processi dalla immediata valutazione di ogni persona sensata.

Un valido criterio, quindi, per distinguere la buona teoria economica da quella cattiva è la semplicità dell'esposizione e, ancor prima, la genuinità dei concetti.

Attingo sempre volentieri al grande Frédéric Bastiat e mi sembra quanto mai utile farlo anche in questa circostanza per riproporre due principi di economia politica – tanto elementari quanto basilari – che il lucido precursore del paradigma della Scuola Austriaca presentava con maestria nei suoi scritti. I due elementari principi a cui penso sono quelli che, nell'accattivante prosa di Bastiat, possono essere definiti come il principio del "ciò che si vede e ciò che non si vede" e il principio della "finestra rotta".

Uno dei postulati della buona teoria economica, infatti, è la interdipendenza di tutti i processi produttivi.

Quest'affermazione appare innocua ed anche scontata; è, invece, la più radicale dimostrazione della intrinseca bontà del capitalismo e la più tacita sconfessione delle politiche socialiste o solidariste. Primo: innanzitutto prova che la ricchezza di alcuni si trasforma in beneficio per molti e, tendenzialmente, per tutti. E che quindi non solo non è vero che la prosperità di alcuni è pagata con l'impoverimento di altri, ma è vero esattamente il contrario e cioè che l'accumulo di capitale di alcuni è la condizione per la successiva elevazione di altri. Ciò vale tanto per i singoli individui all'interno di una società quanto per le società nazionali nell'intero quadro planetario. La ricchezza non nasce togliendo qualcosa ai propri partner, ma si accresce reciprocamente a vantaggio di tutti. Secondo: significa anche che una contrazione economica di alcune aree, di alcuni settori, di alcuni soggetti non torna di alcun vantaggio ai corrispondenti concorrenti (né nazionali né internazionali), ma provoca un impoverimento complessivo dei consumatori che danneggia tutti i produttori. Dall'impoverimento di alcuni, nessuno trae vero beneficio perché da quell'impoverimento deriva una riduzione di benessere complessivo che si ripercuote su tutti, sebbene in misura variabile.

Tale premessa generale è funzionale al modo con cui affrontare la crisi proveniente dall'epidemia e vorrebbe, da un lato, comprovare l'insopprimibilità della cooperazione sociale e della divisione del lavoro che lo statalismo erode e, dall'altro, identificare le soluzioni – o, più precisamente, le strade da *non* percorrere – per affrontare e poi uscire dalla crisi.

Facendo quest'ultimo riferimento ribadisco che la situazione in cui il virus comunista ha gettato noi e il mondo intero è di estesa gravità da compromettere lo sviluppo mondiale. Dire questo non è particolarmente originale, ma quest'affermazione va tenuta presente per mettere un punto fermo da cui ripartire: non vi saranno iniziative statali che potranno attenuare questa crisi e, anzi, pensare che gli interventi pubblici siano lenitivi e risolutori comporterà solo avviarsi verso una catastrofe ancora maggiore di quella della situazione attuale. Occorre avere lucidità e realismo per prendere atto che l'epidemia ha effettivamente rallentato e, in qualche caso, anche bloccato (ad esempio con i vari *lockdown*) crescita e progresso. Ci troviamo in una situazione analoga a quella in cui si è trovata sempre l'umanità a seguito di epidemie. Si può, però, giustamente affermare che oggi abbiamo più strumenti di sopravvivenza e ciò dovrebbe risultare facimente evidente. Ma la situazione è, per certi aspetti politici, peggiore rispetto al passato a causa del maggiore affidamento nei confronti dello Stato: il miraggio statalista è la peggiore ipoteca per la successiva ripresa.

Se è esatto ciò che ho già provato a mostrare circa l'inesistenza dell'alternativa tra libertà e salute, dev'essere altrettanto corretto affermare una certa alternanza tra economia e sanità. Dico "una certa" contrapposizione perché il *conflitto spesso è solo relativo*. Si rivela decisamente relativo quando ci si rende conto che la produttività economica è la *condizione essenziale* per godere di migliori prestazioni sanitarie e per fruire di quei progressi tecnologici e scientifici senza i quali le malattie verrebbero malamente fronteggiate. È proprio vero che la salute è più importante dell'economia? In epoca di dibattiti e di martellante propaganda ambientalista è facile pensarlo, ma non si può certo dimenticare che il livello di salute di cui oggi l'umanità gode è stato ottenuto grazie all'economia e dove l'economia più corre, migliori sono le prestazioni sanitarie. E le cure delle patologie attribuite all'industrializzazione possono essere garantite solo se si incrementa lo sviluppo industriale. Dicevo che il conflitto, spesso, è solo relativo: infatti chi genericamente o in linea di principio volesse tutelare la salute ridimensionando l'economia potrebbe star certo che riducendo questa comprometterebbe quella.

L'unico modo per evitare le imposizioni pubbliche è salvaguardare le preferenze private. Ed al pari di ogni altra scelta, anche quella per la propria salute è soggetta ad una questione ineludibile. Una questione che deve essere ricondotta alla categoria centrale di ogni buona teoria economica: la scarsità. Come i beni, anche le risorse di cui si dispone sono scarse e debbono essere razionalizzate. Innanzitutto, il richiamo alla scarsità dei beni economici mi consente di riproporre, nel quadro della relazione economia - sanità, il rapporto tra spesa sanitaria e risorse disponibili. Un rapporto sempre insoddisfacente quando la centralizzazione statale si sostituisce alle preferenze individuali.

In considerazione dello sviluppo di queste mie osservazioni, ancor più, il richiamo alla scarsità dei beni economici mi permette di calarmi nel dilemma tra salute e lavoro perché se questa relazione è spesso problematica, nel caso della pandemia diviene ancor più complicata. Dicevo che, a differenza dei falsi dilemmi, tra salute e lavoro può esservi reale antinomia. Soprattutto in epoca di epidemia, salvaguardare l'una significa sacrificare qualcosa dell'altro.

Questa problematicità è sempre stata presente nell'esistenza umana. Grazie agli enormi benefici del progresso, non si patiscono i pericoli che in passato erano quotidiani ed avvertiamo come insostenibili i rischi che, invece, fanno ordinariamente parte della nostra vita e non solo lavorativa. Tutti gli aspetti della vita comportano un qualche rischio. Queste stesse elementari considerazioni – la "Crusoe economics" – possono valere nel contesto dell'epidemia dove ciascuno dovrà scegliere cosa fare tra la necessità di sopravvivere e il timore del contagio.

Credo – e penso di aver già espresso un pensiero simile a proposito del "virus scientista" – che la decisione circa la priorità da dare al lavoro o alla salute non possa essere affidata né ai politici né ai medici. Entrambi sarebbero influenzati da interessi di parte o da attitudini professionali (quindi in base al rispettivo *lavoro*). È preferibile, invece, che, dopo aver diligentemente attinto al parere degli esperti, ogni lavoratore stabilisca cosa sia preferibile scegliere secondo una ragionevole proporzionalità tra potenziali rischi per la salute e possibili vantaggi per il proprio reddito.

Non tutto può essere messo a carico dello Stato. Certo, più passa tempo, più si aggravano le responsabilità del regime comunista cinese e, dato che il comunismo è innanzitutto statolatria, è impossibile non considerare queste colpe quali vere e proprie "colpe di Stato". E le "colpe di Stato" sono enormi anche quando non si giunge alla fase comunista. Ma occorre riconoscere che, anche senza provvedimenti di blocco e di chiusure, vi sarebbe stata, comunque, una drastica riduzione dei consumi, della produzione e dell'occupazione. Il pericolo del contagio genera timore, il timore causa cambiamento di ritmi e di abitudini, frenando i consumi. Le attività industriali e commerciali sarebbero andate in affanno e poi si sarebbero trovate in ginocchio anche senza le gelide imposizioni, ancora più odiose in una situazione in cui già mancano i clienti e calano i consumi. È la situazione tipica di ogni epoca di pandemia e in situazioni come questa c'è sempre, da parte di molti soggetti economici, un costo da sostenere e un prezzo da pagare. Lo Stato ha già troppe colpe per dover aggiungere responsabilità inimputabili in quanto proprie delle situazioni congiunturali (come per molti aspetti può essere il virus se lo considerassimo al pari di una sciagura improvvisa e di un cataclisma naturale). Anche, quindi, nell'ipotesi (da me caldeggiata) di una convivenza con il Covid in alternativa al *lockdown*, i danni sarebbero ingentissimi e i costi sarebbero altissimi (così, ad esempio, è avvenuto in quegli Stati degli USA che hanno evitato chiusure e blocco di attività). L'unica strada percorribile è quella di evitare i falsi rimedi e le ingannevoli soluzioni offerti dagli interventi statali che trasformano un crollo economico temporaneo che, per quanto grave, ha solo cause esterne (e, come tali, rapidamente superabili) in una depressione perenne che mina in modo endogeno l'intero sviluppo e rende impossibile una vera ripresa.

Il titolo dato a queste pagine di considerazioni economiche non è dei più dolci né dei più rassicuranti. Mi è sembrato, però, potesse rappresentare – e magari riuscire anche a farlo bene – la situazione in cui per timore del virus lo Stato imponga l'inattività e il conseguente suicidio economico. Come non ha senso suicidarsi per paura di morire, così è dissennato e folle quell'atteggiamento che porta un popolo a morire di fame per timore di morire di virus. E per evitare di morire di fame – come provavo a spiegarmi poc'anzi – c'è sempre un qualche rischio da correre.

Ho trovato interessante quanto scritto recentemente dallo psicoterapeuta Claudio Risé che, a proposito della gestione dell'epidemia condotta dal governo italiano suggeriva di non dimenticare «una verità elementare: la vita è pericolosa.

Se non ci si vuole rifugiare nel suicidio per esorcizzare il pericolo di morire, allora occorre ri-equilibrare molte cose. Correre qualche rischio (ovviamente, nel modo più ponderato possibile) anziché

scivolare verso lo stato vegetale significa anche ristabilire il primato
dell'economia sulla politica, significa non farsi ipotecare la libertà
in cambio di un "piatto di lenticchie" e significa, soprattutto, non
ridurre gli scopi dell'esistenza alla pura sopravvivenza.

Per capire cosa andrebbe fatto e cosa non andrebbe fatto biso-
gnerebbe utilizzare lo stesso criterio che distingue la buona teoria
economica da quella deleteria. Bastiat scrive che il cattivo economista si differenzia dall'economista serio per il fatto che il primo
«si limita all'effetto *visibile*, mentre l'altro tiene conto e dell'effetto
che *si vede* e di quelli che occorre *prevedere*. Ma questa differenza
è enorme». Ecco, quindi, già spiegato il principio "ciò che si vede
e ciò che non si vede". «Nella sfera economica, un atto, un'abitudine, un'istituzione, una legge, non generano solo un effetto, ma una
serie di effetti. Di questi effetti, solo il primo è immediato; esso si
manifesta simultaneamente con la sua causa: *si vede*. Gli altri non si
sviluppano che successivamente: *non si vedono*; va bene se li si può
prevedere» (Frédéric Bastiat). In forza di questo criterio sarà facile
identificare quegli effetti che, in seguito, sebbene con qualche im-
precisione, Friedrich A. von Hayek definì le inevitabili conseguenze inintenzionali delle azioni umane intenzionali (in questa stessa
linea, Karl R. Popper considerò la individuazione degli effetti non
intenzionali il primo dovere delle scienze sociali).

Alla domanda cosa fare si dovrebbe rispondere di seguire i con-
sigli della buona economia; parimenti alla domanda cosa non fare
basterebbe rispondere di non ripetere gli errori di sempre e non
seguire le sirene del consenso politico.

Nuove catene al mercato (con una nuova serie di vincoli)

In presenza di ogni tipo di emergenza, gli uomini di Stato sembrano essere addirittura costretti dall'incitamento popolare ad
assumere provvedimenti atti a porre rimedio allo scivolamento
dell'economia verso il basso. Gli interventi più richiesti nei primi
momenti riguardano generalmente il controllo dei prezzi, la na-
zionalizzazione delle attività (o il blocco dei licenziamenti) e un
rinnovato vigore redistribuzionista (nuova tassazione). Proviamo a

capire – e a giudicare – come questa prassi si è applicata nel contesto dell'epidemia.

Occorre subito dire che il prezzo è qualcosa di estremamente importante. Lo è al punto che «l'economia può essere ridotta a [questa] sola parola: prezzo» (Mark Skousen). Il prezzo è il formidabile indicatore per suggerire quali beni produrre in base a ciò di cui il mercato – cioè la gente – abbisogna e richiede. Questo indicatore è indispensabile al punto tale che senza di esso la stessa economia sarebbe irrealizzabile. Nel dire ciò sintetizzo la fondamentale questione del "calcolo economico" che fu messa a fuoco sin dal 1920 da Ludwig von Mises. Il grande economista viennese, con i successivi immediati approfondimenti, giunse, per primo, a dichiarare l'impossibile sopravvivenza del sistema comunista proprio a causa dell'estromissione del meccanismo dei prezzi.

Ogni alterazione di questa sensibilissima dinamica è destinata a danneggiarne la razionalità. È per questo motivo che «bisogna lasciare che sia il mercato e non i burocrati di Stato a determinare i prezzi e i salari» (Mark Skousen).

In momenti di crisi, invece, l'interventismo statale è attivo innanzitutto sul fronte dei prezzi bloccando in alto (sui salari) e in basso (sulle merci) ciò che il mercato avrebbe disposto diversamente. Ciò che si sarebbe rimodulato naturalmente consentendo un razionale adeguamento ad una nuova situazione, viene paralizzato artificiosamente in base al comando politico, generando un ingessamento del processo naturale.

Dicevo che in circostanze particolari come quella dell'epidemia, è inevitabile che le necessità dei consumatori si orientino in modo differente rispetto ai periodi di normalità determinando preferenze verso prodotti che saranno soggetti ad essere quasi presi di assalto trascurando altri prodotti che saranno considerati non più prioritari. *Naturalmente*, i primi sarebbero soggetti ad aumento di prezzo ed i secondi a riduzione di prezzo. Questo meccanismo *naturale* «a) limiterebbe lo svuotamento degli scaffali, b) incoraggerebbe un uso più oculato dell'offerta disponibile, e c) invierebbe un segnale alle imprese per produrre una maggiore quantità degli articoli più richiesti, alleviando la pressione ed eventualmente riportando i prezzi al ribasso» (Duncan Whitmore).

Gli analisti provano a descrivere ciò che sta avvenendo e ciò che potrebbe abbattersi sui consumatori. Ma il rincaro di molti servizi e beni e il deprezzamento di molti altri è l'oscillazione indispensabile ad equilibrare in modo naturale l'offerta e la domanda. Di tali variabilità ci si può rammaricare, ma è questa elasticità che consente ai soggetti economici di superare le crisi. Implorare, invece, l'intervento politico per calmierare i prezzi rappresenterebbe la camicia di forza che impedisce il necessario riassestamento. Si dimentica facilmente che il controllo dei prezzi è una tipica misura socialista tesa a sostituire la libertà di mercato con la pianificazione e il comando politico.

Sono gli alti profitti a garantire i risultati migliori e – anche per un sano egoismo e per un razionale tornaconto – se vogliamo che l'umanità debelli il Covid e altre terribili malattie, c'è da augurarsi che siano molti i ricercatori e gli industriali spinti dal desiderio di arricchimento personale. D'altra parte, quanto agli alti prezzi di alcuni medicinali, occorre dire che non vi è stato prodotto divenuto di largo consumo che, inizialmente, non sia stato prerogativa di pochi fortunati. Come per ogni bene, anche per i farmaci, la strada per la più ampia diffusione passa attraverso l'iniziale uso esclusivo per pochi benestanti. Non solo non bisogna scandalizzarsi di fronte a ciò, ma occorre salvaguardare la proprietà e i diritti conseguenti se davvero si ha a cuore l'accesso più largo possibile alle cure e ai farmaci.

Negare i diritti di proprietà o controllare il prezzo dei prodotti medici o farmaceutici significa semplicemente precludere all'umanità la lotta alle malattie, Covid *in primis*. Gli uomini di Chiesa e, in genere, i leader religiosi dimostrano una gran difficoltà a capire questa evidente verità. Eppure, esattamente la sollecitudine per i poveri e per i popoli indigenti dovrebbe rendere questi leader particolarmente riconoscenti agli imprenditori e particolarmente consapevoli delle dinamiche di mercato, con particolare attenzione al processo morale della definizione dei prezzi. Prevale nettamente, invece, un persistente pregiudizio che impedisce anche solo di avere uno sguardo sereno sulla questione, finendo, più o meno consapevolmente, complici delle concezioni più pauperistiche estreme.

Quando sono in difficoltà, le aziende sono costrette a tagliare i costi. Quando il personale risulta essere un costo insostenibile, purtroppo, anche la riduzione dell'occupazione è inevitabile. Tagliare i costi e licenziare il personale non rappresentano provvedimenti con esiti differenti perché ridurre le proprie spese significa costringere altre imprese (fornitrici) a licenziare i lavoratori in eccesso. Ora, tra i vincoli con cui il Governo ha ulteriormente imbrigliato il mercato vi è anche quello del divieto a licenziare i lavoratori considerati in esubero.

Il lavoro è finalizzato alla produzione, non il contrario: non si crea un sussidio per poter continuare a mantenere un'attività lavorativa, non si creano sovvenzioni per preservare posti di lavoro. Se non c'è produzione di beni o di servizi che i clienti desiderano, allora il lavoro è ingiustificato. Per poter soddisfare i propri bisogni occorre fornire qualcosa che sia ritenuto utile alla controparte. Questo è lo scambio (mediante la divisione del lavoro e la cooperazione sociale) con cui si offre ciò di cui altri hanno bisogno e si riceve ciò che serve per la propria vita. Solo in questo reciproco vantaggio è giustificato il lavoro di ciascun uomo. Il fine dell'economia, quindi, è quello di soddisfare i bisogni individuali e non quello di accrescere il numero degli occupati (o anche quello di realizzare un non meglio precisato "bene comune").

Trasformando l'uomo da lavoratore in stipendiato, lo Stato, quindi, perverte lo sviluppo della interazione sociale determinando, alla lunga, l'involuzione della civiltà. Occorrerebbe riflettere su quanto sia davvero fondamentale il meccanismo dello scambio e, in negativo, sulle conseguenze dell'adulterazione del lavoro umano: «lo scambio è la linfa vitale, non soltanto dell'economia, ma della civiltà stessa» (Murray Rothbard).

Ancora una volta, è il meccanismo naturale del mercato ad assicurare prosperità generale mentre ogni tentativo di redistribuzione politica genera – nonostante i propositi manifestati – miseria e povertà. Quando si giungerà a capire che la protezione legale del lavoro crea regresso economico e diminuzione occupazionale?

Ogni azione politica che intervenga nel delicato dinamismo della contrattazione anche nel campo del lavoro genera dunque disoccupazione e la misura dei danni al mercato del lavoro è proporzionale alla pervasività dell'intervento legislativo.

Anche la retorica dei "lavori socialmente utili" attinge all'idea che, come l'economia, anche la quantità di lavoro richiesto è un "gioco a somma zero". Negando che sia la qualità del lavoro di alcuni a generare nuova occupazione, si è fatto dello slogan sindacale "lavorare meno, lavorare tutti" una sorta di dato incontestabile. Ma come l'economia nel suo insieme, così anche la verità del meccanismo dell'occupazione è, nella sua natura, "moltiplicativa", non "sottrattiva". Concepire la quantità del lavoro in modo fisso e determinato, significa avere una visione distorta dell'intero processo di sviluppo. Solo quando si capirà che proteggere politicamente significa distruggere economicamente, il lavoro non solo sarà effettivamente rilanciato, ma sarà anche meglio premiato sotto l'aspetto retributivo. «Gli alti tassi di disoccupazione dell'Europa continentale, nonché la scarsa crescita, sono causati proprio dall'eccesso di regolamentazione dei mercati del lavoro. Limiti eccessivi al licenziamento provocano paradossalmente minori assunzioni; le uniformità salariali riducono la domanda di lavoro; i salari minimi escludono dal mercato i lavoratori marginali; il collocamento pubblico è inefficiente; i contratti a tempo indeterminato disincentivano le assunzioni; e così via» (Piero Vernaglione).

Il primo risultato del divieto a licenziare (divieto che in Italia è sacralizzato da almeno mezzo secolo mediante il famoso articolo 18 dello Statuto dei Lavoratori) è la fuga delle imprese e il conseguente impoverimento della struttura produttiva del Paese. L'ovvio risultato del blocco dei licenziamenti è l'aumento della disoccupazione, il banale effetto che scienziati, governanti, sindacalisti e lavoratori non riescono a vedere. La forzatura di mantenere gli operai in azienda («ciò che si vede») si sconta con un aumento della disoccupazione nel prossimo futuro («ciò che non si vede»).

Il circolo perverso che si produce è, più o meno, questo: il congelamento dei licenziamenti determina il timore delle aziende che delocalizzano in aree più liberali, il governo impone misure anti-espatrio e il trattamento riservato alle imprese rende l'Italia un Paese in cui nessuno più, dall'estero, vuol investire. Poi, lo Stato si lamenterà del fenomeno della "fuga dei cervelli" (*brain drain*) e creerà qualche nuova legge per favorirne il ritorno (forzando, ancora una volta, i normali meccanismi di allocazione delle capacità).

Quale governante europeo avrebbe il coraggio di presentare nei momenti di difficoltà nazionale il progetto dell'abbassamento della pressione fiscale?

Ora che i conti (quelli pubblici) non tornano (semplicemente perché non possono "tornare"), si affaccia lo spettro di sempre: la patrimoniale, cioè una nuova tassazione sui patrimoni (oltre che sul reddito). C'è in tutto ciò una costante perfidia statale che porta i governanti a tranquillizzare la popolazione, in alcuni momenti caldi, assicurando comprensione fiscale per poi, quasi con dei "colpi di mano", imporre scelte che l'emergenza impone.

Liberandoci dalla vuota idealizzazione, la tassazione rappresenta solo una immoralità sul piano etico e un danno su quello economico.

Innanzitutto, l'imposizione fiscale è immorale perché costituisce un esproprio. «Cos'è la tassazione se non un furto su scala gigantesca e incontrollata?» si chiedeva Rothbard. All'opposto di Marx che dichiarava furto la proprietà privata, ad essere considerata criminale è la sottrazione coatta dei beni altrui. Per questo motivo, chi si oppone e resiste a quest'ingiustizia non solo non sbaglia, ma meriterebbe la pubblica gratitudine.

Le tasse, però, non sono solo qualcosa di iniquo in qualità di furto ed espropriazione; sono anche qualcosa di economicamente irrazionale perché danneggiano la produttività ed alimentano le fasce e le opere improduttive. Le risorse sottratte mediante il prelievo fiscale, assorbite, come sono, dalla macchina parassitaria ed improduttiva dello Stato, vengono sottratte alle attività redditizie che potrebbero ulteriormente crescere generando nuova e più ampia ricchezza per tutti. La società viene, così, suddivisa tra chi lavora e scambia (ridotto dallo Stato al rango di produttore di tasse: *tax-payer*) e chi vive in modo parassitario sulle spalle di chi produce (*tax-consumers*: i consumatori di tasse, schiera promossa legalmente e protetta dallo Stato attraverso un complesso sistema di leggi). Al naturale e proficuo confronto tra produttori e consumatori, si sostituisce la deleteria ed artificiosa opposizione tra dissanguati e parassiti, tra chi lavora per pagare le tasse e chi può evitare di lavorare grazie alla tassazione. E questa ripartizione non può che generare l'aumento della conflittualità sociale e lo scontro tra la classe dei lavoratori tassati e la classe dei parassiti beneficiati dalla politica. Più cresce il numero dei secondi, più l'economia è in affanno. Più si allarga la percentuale di tassazione più si riduce il vigore imprenditoriale e, con questo, la forza produttiva di un Paese. Ancora sotto l'aspetto puramente economico, anche volendo prendere in considerazione i presunti (e sempre indimostrati) effetti vantaggiosi della tassazione i cui proventi sarebbero trasformati in servizi pubblici offerti dallo Stato, dovrebbe risultare evidente la profonda irrazionalità di un sistema in cui ciascuno prende dall'ambito pubblico meno di quanto ha, in questo stesso ambito, versato.

Pur tuttavia, nei momenti di emergenza, l'imprenditore, il lavoratore autonomo, il proprietario rappresentano le figure ideali da colpire a causa dell'invidia sempre soggiacente da parte di tanti, un'invidia che i governanti possono ben aizzare populisticamente. Cosa c'è di più populistico dell'invidia verso la figura del proprietario?

Populistica è certamente anche l'enfasi sulla dimensione emergenziale tanto più quando questa è unita alla paura. «La Patria in pericolo!»: un grido che accompagna ogni emergenza. É la velenosa retorica della «Patria in pericolo», dello «Stato in pericolo», della «Repubblica in pericolo». E la Patria in pericolo richiede sempre il sacrificio dei buoni cittadini.

Su questa scia cresce il rischio di una tassa patrimoniale tanto cara alla Sinistra per il suo carattere ancor più anti-proprietaristico. Nella classica modalità della "perfidia statale", ciò che in primo momento viene escluso in modo fermo e risoluto, poi inizia a serpeggiare – *latet anguis in herba* – facendosi lentamente strada sino a divenire una scelta necessaria a cui nessuno, per responsabilità, dovrebbe rifiutarsi.

Le piogge acide (un profluvio di aiuti)

Nel 1887 il Texas fu colpito dalla siccità e il Congresso degli Stati

Uniti votò per far giungere aiuti straordinari in favore degli agricoltori. Benché, pare, si trattasse di una somma modesta, il presidente Grover Cleveland rifiutò di controfirmare la legge. A giustificazione del veto, il presidente affermò: «io non credo che i poteri e i doveri del governo nazionale debbano includere anche i provvedimenti volti ad alleviare le sofferenze individuali [...]. Si dovrebbe costantemente inculcare l'idea che, sebbene il popolo mantenga il governo, mai il governo dovrebbe mantenere il popolo». Cleveland era espressione del profondo spirito americano in base al quale la solidarietà doveva essere considerata una qualità individuale e non una questione statale innanzitutto per evitare che i cittadini prendessero l'abitudine di dipendere dal paternalismo dello Stato.

Quale governo, oggi, soprattutto in Europa, sopravvivrebbe alle critiche presentando il proposito di non intervenire a seguito di una calamità? Noi italiani, poi, siamo ormai "educati" a ritenere moralmente obbligato lo Stato ad adoperarsi massicciamente in ogni situazione di avversità.

Oltre che mediante una serie di nuovi obblighi e un rafforzamento dei vincoli con cui il mercato risulterà ancor più incatenato (come ho provato a delineare nel precedente paragrafo), lo Stato interviene nelle emergenze con una serie di massicce sovvenzioni. A questo secondo tipo di azione dedicherò le prossime pagine di questo paragrafo.

Una pioggia, anzi un diluvio di sussidi. Ma, com'è noto, i diluvi portano devastazioni.

Torniamo alle sovvenzioni pubbliche, regionali, statali ed iper-statali (europee). Quando queste giungono in modo generalizzato si usa dire che gli aiuti sono "a pioggia". Da qui il titolo di questo paragrafo che, però, a questa immagine finanziaria unisce quella del fenomeno atmosferico delle "piogge acide" che si compie quando i vari tipi di precipitazione riversano sul suolo particelle ed elementi tossici. Il titolo offre, quindi, la chiave per intendere, ancor più che il tema trattato, la prospettiva che anima la trattazione.

È una prospettiva che potrebbe essere sintetizzata, sin da subito, in questo modo: probabilmente nulla compromette di più la libertà quanto dichiararsi bisognosi del sostegno finanziario dello Stato.

Quando ci si imbatte in una sciagura, occorre confrontarsi con essa e affrontarne i penosi risvolti. Tuttavia e nonostante alcuni soggetti patiranno perennemente rovesci irreparabili, l'economia di un Paese riesce, complessivamente, a risollevarsi. Lo dimostrano i casi dei popoli usciti dalla Seconda Guerra Mondiale: anche i paesi sconfitti quali Germania, Italia, Giappone, nel giro di pochi anni, da terre in rovina, si sono trasformati in potenze economiche. Tutto ciò ad un'unica condizione: che la gente sia lasciata libera di intraprendere, scambiare, decidere, lavorare. Minori sono i vincoli burocratici e sono le tasse da versare, più ampia e veloce è la rinascita. In altri termini: se lo Stato non c'è, il Paese si riprende e lo fa anche velocemente. Germania, Italia e Giappone hanno raggiunto e ampiamente superato gli standard che avevano prima del disastro bellico.

Ma quando c'è lo Stato tutto cambia. Anche una ridotta crisi diviene qualcosa di simile alle sabbie mobili: maggiori sono i movimenti dell'apparato pubblico, peggiore diviene la situazione del Paese. Lo Stato ha la singolare capacità di affossare e di incancrenire.

Occorreva l'emergenza sanitaria per scoprire ciò che ancora non era stato scoperto: la facile moltiplicazione del denaro. Piccola nota storica: stratagemmi simili hanno portato interi popoli alla fame. Piccola previsione: e noi tra qualche mese scopriremo che il rischio del contagio ha dato allo Stato il potere di distruggere la già dissestata economia di questo sventurato Paese. Piccolo effetto collaterale: l'euro ed Eurolandia scompariranno dentro il buco nero creato dall'Italia.

Il primo effetto del cosiddetto reddito di cittadinanza è stato la drastica riduzione del numero dei lavoratori parzialmente occupati che hanno preferito questa sorta di indennizzo di disoccupazione al lavoro insicuro e temporaneo. A dispetto degli ingenui propositi, quindi, la concessione del reddito di cittadinanza ha accresciuto notevolmente la disoccupazione. E ciò non dovrebbe costituire sorpresa, dal momento che vengono quasi stipendiate le persone che non lavorano. Infatti «il *sussidio di disoccupazione*, invece di contribuire a eliminare la disoccupazione, come spesso si immagina, in realtà la sovvenziona e la intensifica» (Murray Rothbard).

Il secondo effetto, legato al primo, è l'aumento della povertà generale. Ciò avviene non solo perché ciascun assistito, rinunciando a lavorare, non potrà mai risollevare la propria posizione e quella della propria famiglia, ma anche perché le grandi risorse destinate agli aiuti sono sottratte dallo Stato a quelle attività che avrebbero prodotto lavoro e ricchezza. «Nel mondo sviluppato l'attività principale del governo è trasferire denaro da alcuni individui ad altri, attraverso diversi tipi di programmi d'indennità. E, sempre nel mondo sviluppato, ci sono deficit che salgono vertiginosamente e un crescente ammettere che programmi di questo tipo sono insostenibili. I governi hanno fatto promesse che non potranno mantenere» (David Boaz). È, quindi, inevitabile che più si punta all'assistenza, minore sarà la prosperità tanto dell'intera società quanto dei diretti beneficiari: «maggiori sono le sovvenzioni pubbliche, minore sarà il tenore di vita di ognuno» (Murray Rothbard).

Un altro effetto del *Welfare State* in generale è quello di incentivare gli atteggiamenti asociali e di creare le condizioni al crimine. Perciò non c'è affatto da meravigliarsi se, con il passare del tempo, ci si rende conto che una fetta non irrilevante di questi sussidi ha foraggiato i settori peggiori della società dando a questi una nuova forma di approvvigionamento grazie a quanto lo Stato ha sottratto ai lavoratori onesti. Le cronache ormai sono piene di casi di delinquenti piccoli e grandi, di affiliati alle varie organizzazioni criminali scoperti come percettori del reddito di cittadinanza. Clamorosi i casi di interi clan criminali o di ex brigatisti fruitori della paghetta di Stato.

All'origine del paradosso per il quale chi ha lavorato ha pagato le tasse mentre chi delinque ha la pensione dallo Stato vi è la irrazionalità della redistribuzione politica del reddito. Fin quando la filosofia del Welfare State non sarà abbandonata, queste assurdità saranno sempre presenti e costituiranno un grave motivo di scoraggiamento delle forze sane.

Ad affiancare il reddito di cittadinanza (in passato sbandierato anche come reddito garantito, reddito universale, reddito d'inclusione) ora c'è, causa la pandemia, anche il reddito di emergenza per recuperare ai sussidi di Stato quelle famiglie le cui caratteristiche non rientrano tra i criteri per l'assegnazione del reddito di cittadinanza.

Provvedimento motivato dal timore di tensioni sociali soprattutto in zone a forte presenza criminale. Un'ulteriore misura da classico, obsoleto *Welfare State*.

Tra i principali interventi risanatori inventati dai politici vi è quello delle assunzioni nel pubblico impiego. Si tratta di un intervento necessariamente più selettivo rispetto alla elargizione di sussidi, ma pur sempre massiccio se consideriamo i numeri degli interessati e gli impegni di spesa. Tutta in deficit, ovviamente.

Ancora una volta, con l'idea dell'investimento per il futuro (idea gratificante con cui il governo attribuisce a sé una lungimiranza mancata nel passato della storia politica nazionale), la ricetta è quella del posto di lavoro separato dalla produttività e dalla creazione di ricchezza. Fino a quando una società potrà reggere una sproporzione tra chi produce e chi solo consuma? Può sopravvivere una società in cui il numero di coloro che creano ricchezza è esiguo rispetto a coloro che divorano questa ricchezza? Il *default* della Grecia (*default* sfiorato anche dall'Italia tra il 2011 e il 2012) ebbe come elemento rilevante la gran quantità di assunzioni clientelari nel pubblico impiego, assunzioni compiute con la segreta persuasione che l'Unione Europea avrebbe garantito e coperto queste spese. Ma viene il momento in cui le leggi naturali non possono essere più aggirate dalla goffaggine dei politici ed allora il sistema crolla.

L'ultimo punto che vorrei proporre in questa carrellata sulle sovvenzioni pubbliche come rimedio di Stato ai danni economici provocati dalla pandemia è la gratuita fornitura delle prestazioni, quelle sanitarie in modo particolare. Dopo quanto già detto e rinviando altri aspetti alle prossime pagine, posso permettermi di essere breve. Per quanto già detto, posso evitare di ripetere qual è l'*inganno* in cui cade chi pensa che la spesa sanitaria debba, magari in virtù di argomentazioni morali e solidaristiche, essere sciolta da ogni limite. Per quanto occorrerà dire tra breve, posso evitare di anticipare qual è l'*illusione* in cui cade chi pensa che il servizio sanitario di Stato sia gratuito per gli utenti. Trattando ora gli interventi con cui gli uomini dello Stato ritengono, in buona o in cattiva fede, di lenire gli effetti della crisi, mi limiterò a richiamare la questione all'interno dei classici provvedimenti di assistenza welfarista.

È l'economia, stupido!

Nella notte tra il 18 e il 19 luglio dell'anno 64, Roma fu in preda ad un grande incendio che distrusse diversi quartieri della città. Su Nerone subito gravarono pesanti sospetti, sospetti che l'imperatore riuscì abilmente ad allontanare scaricando sui cristiani il risentimento dei romani. Se non si hanno certezze circa le responsabilità di Nerone, si hanno, invece, notizie, attraverso gli storici dell'epoca – soprattutto Tacito con gli *Annales* e Svetonio con la *De vita Caesarum* – della sollecitudine dell'imperatore per dare sollievo alla popolazione dell'Urbe, adoperandosi in prima persona per assicurare ai romani vettovagliamento e alimenti. I soccorsi politici alla popolazione prostrata a causa di qualche sciagura, a quanto pare, sono prerogativa non tanto dei buoni governanti (ricordiamo il presidente Cleveland) quanto dei tiranni. Quel che può apparire un paradosso, ha, invece, una sua logica perché il potere accresce il suo vigore quando viene riconosciuto indispensabile. Quando, infatti, lo Stato – quello imperiale come quello moderno – gode di questo riconoscimento, allora il processo di trasferimento della forza dalla società composta da liberi individui alle dirigenze politiche è compiuto e lo Stato può dirsi assoluto.

Il poeta latino Giovenale – tanto per rimanere nell'ambito storico del I secolo – con un aforisma divenuto famosissimo, diceva che il popolo, in fondo, abbisogna di due sole cose e solo queste richiede ansiosamente: «*panem et circenses*», il pane per sfamarsi e i giochi per divertirsi. Se il sovrano è in grado di assicurare «pane e giochi», il buon rapporto tra il trono e il popolo è garantito. Infatti, mai il principe è più riverito e gode di più consenso di quando il popolo è continuamente destinatario di doni e di regalie. Considero questa forma di *pactum sceleris* la vera chiave per comprendere il fenomeno del populismo che, nella sua caratteristica anti-individualistica e comunitarista (se non proprio collettivistica), deve essere annoverato tra gli atteggiamenti che connotano l'essenza della Sinistra. Si sbaglierebbe clamorosamente se si considerasse la sudditanza una relazione politica che riguardi altre epoche della storia: essa, invece, si ripropone ancor più oggi che non nel lontano passato perché lo

Stato ha molti più strumenti redistribuzionisti oggi che non prima. Il rapporto di sudditanza si instaura ogni qual volta allo scambio si sostituisce la mendicanza e la mano tesa verso il dono prende il posto della stretta di mano, simbolo del contratto commerciale (scambio in latino si dice *commercium*). Occorre riflettere sulla riduzione dell'individuo a mero suddito ogni qual volta la persona mette se stessa nelle mani dello Stato.

Non credo che l'analogia con la decadenza dell'epoca classica sia fuori luogo. Essa, d'altra parte, è stata autorevolmente riproposta tanto da divenire una questione topica su cui la gran parte dei politologi si sono confrontati: da Montesquieu a Smith, da Rostovzev a Ortega y Gasset, passando ovviamente per Weber. Ma sono, ancora una volta, gli autori della Scuola Austriaca a dare le interpretazioni più esaustive: innanzitutto Mises, ma anche Einaudi, Ebeling e Hülsmann.

La mano che si allunga in direzione dell'aiuto di Stato da mendicare è ormai la mano di chi si dichiara schiavo del proprio benefattore, ma è anche la mano di chi non si avvede che più chiede, più viene espropriato non solo della proprietà intangibile della libertà individuale bensì anche della proprietà non meno intoccabile dei beni. Non si comprende, cioè, che l'autorità in grado di offrire ogni aiuto è già in potere di pretendere ogni bene e in tanto è possibile essere aiutati con larghezza dallo Stato in quanto al ceto politico è stato già concesso ogni potere.

La grande prodigalità dello Stato ha, dunque, un prezzo alto che è contemporaneamente sia di natura esistenziale, sia di natura economica.

Il grande errore in cui cadono i partigiani o gli ingenui esaltatori dell'intervento dello Stato in economia è quello di ritenere che l'azione pubblica non abbia costi. Allo Stato spetta creare posti di lavoro, allo Stato spetta innalzare gli stipendi, allo Stato spetta sovvenzionare le aziende in crisi, allo Stato spetta investire nelle infrastrutture, allo Stato spetta costruire scuole ed ospedali. Se è così facile, allora perché non si saltano tutti i numerosi passaggi intermedi e lo Stato non provvede direttamente a dare pasti caldi a tutti? Semplice: perché nessun pasto è gratis. È così vasto la dispensazione di risorse da parte dello Stato che a volte chiunque può cadere nell'errore di pensare che esso possa permettersi ogni cosa: dalle assunzioni generalizzate ai servizi gratuiti per tutti. In realtà, però, nessun pasto è gratis.

Quella del "pasto gratis" è una formula che ha avuto molta fortuna in economia anche se ha avuto origini letterarie. L'espressione inglese si tradurrebbe in questo modo: «non c'è nulla di simile ad un pasto gratis». Vale a dire: «non esistono pasti gratis». Non c'è nulla che non abbia costi e non c'è nulla che possa essere realmente considerato gratis. Anche ciò che viene distribuito gratuitamente, viene contestualmente pagato da qualcuno, anche se in modo inconsapevole.

Al di là della semplificazione, l'espressione che ricorda l'impossibilità di beni senza costi si contrappone alle teorie di stampo keynesiano per le quali la spesa pubblica produce una crescita complessiva grazie alla quale le risorse create andrebbero a coprire – con il maggior introito fiscale derivato – il deficit. Infatti, uno dei concetti più conosciuti della cosiddetta "rivoluzione keynesiana" è certamente stato il cosiddetto "effetto moltiplicatore" (o "effetto acceleratore") che si applicherebbe alla spesa pubblica e, in generale, all'intervento statale. John Maynard Keynes acquisì il concetto da un suo discepolo, Richard Kahn, che nel 1931 lo aveva elaborato in relazione alla disoccupazione. Cosa si affermava con questo principio? La scuola keynesiana ha sostenuto che per ogni quantità di danaro speso dallo Stato si producono vantaggi che vanno ad investire e coinvolgere un numero ben maggiore di soggetti rispetto a quelli direttamente interessati. Vi sarebbe, quindi, una ricaduta in termini moltiplicati di benefici prodotti dall'esborso pubblico. Al di là del fatto che né Keynes né i suoi seguaci hanno mai giustificato l'inevitabile effetto "sottrattivo" relativo alle risorse che lo Stato deve procurarsi (prima di investire), fondamentalmente, con il cosiddetto "effetto moltiplicatore" non solo non si è mai riscontrata alcuna moltiplicazione, ma già nei tempi medi il decremento non si è mai fatto attendere. La terapia keynesiana, in altri termini, lungi dall'essere risolutiva, si è rivelata un problema di gran lunga maggiore rispetto ai guasti che presumeva colmare. L'ente pubblico che continua ad essere presentato come una sorta di "re Mida", capace di redistribuire più di quel che raccoglie, si dimostra un mostro vorace di risorse e distruttore di benessere.

Ancora una volta «ciò che si vede» nasconde colpevolmente «ciò che non si vede» (o ciò che non si *vuol* vedere). La superficialità di soffermarsi solo su quel che sembra un beneficio (immediato) è attitudine di tutti e, in particolare, dei politici mentre la lungimiranza di scorgere le conseguenze (durature) appartiene a pochi, ma non dovrebbe mancare almeno agli economisti.

Tutta l'azione dello Stato sembra essere un grandioso progetto utopico teso ad eludere la realtà della scarsità di beni e di risorse. Infatti, perseguendo intenti camuffati dietro sembianze etiche, l'opera dello Stato è un continuo attacco ai dinamismi naturali dell'economia. Ma, come si dovrebbe sempre ricordare, le leggi naturali inscritte mirabilmente nell'economia non possono essere forzate senza che si patiscano disastrosamente gli effetti di questa violenza. E quando si sovvertono le leggi naturali, il collasso parla e dice: «è l'economia, stupido!». A parte il paradosso contenuto nel fatto che lo slogan venne adottato proprio da colui – Bill Clinton – che lo rinnegò varando le disgraziate direttive da cui scaturì la crisi finanziaria che colpì gli Stati Uniti nel 2008 e di lì si estese al mondo intero, la frase racchiude e rivela l'impossibile tentativo di alterare la realtà. Se lo slogan venisse compreso e venisse applicato seriamente, alla quasi totalità degli economisti, anziché riconoscimenti, premi Nobel, assegnazioni, medaglie, compensi e cattedre universitarie, occorrerebbe consegnare certificati di... imbecillità.

A chi coltiva interessi di natura economica ho sempre consigliato di non trascurare lo studio del paradigma della Scuola Austriaca; ripropongo, ora, in modo non meno accorato, il suggerimento anche a chi mi legge ribadendo la convinzione che solo gli autori di questa Scuola hanno offerto criteri per comprendere in modo completo l'azione economica dell'essere umano.

«L'economia è la scienza più contaminata da errori: e non a caso» (Henry Hazlitt). È, infatti, tutt'altro che un caso che errori e pregiudizi attraversino e sfigurino la scienza economica; da essa, infatti, dipendono le regole della politica e la politica non può permettersi di non mettere le teorie economiche sotto la propria tutela e sotto il proprio controllo ricevendo da esse legittimazione e assicurandosi il loro riconoscimento.

L'unica soluzione è nel ripristinare la subordinazione della politica all'economia, che significa costringere ogni governo a rispettare l'ordine naturale delle cose, ordine implicito nelle leggi economiche anch'esse espressione della giustizia che, dovendo dare «a ciascuno il suo», impedisce ogni prevaricazione e ogni esproprio di libertà e di proprietà. Se nel lessico più comune si ripete che oggi la politica è asservita alle pretese dell'economia, questa stessa critica dimostra la cecità verso la completa fagocitazione dell'economia da parte dell'ordinamento statale ed ha come effetto l'ulteriore criminalizzazione della vittima: la logica della libera impresa. Si invoca il primato della politica sull'economia, un maggior controllo della seconda da parte della prima senza rendersi conto che quasi non c'è più nulla lasciato al libero mercato. Occorre, invece, ribaltare la sempre più radicata condizione di controllo da parte della politica sull'economia restaurando il primato della seconda sulla prima. In questo modo sarebbero i criteri del lavoro, della produttività e del mercato ad animare la politica, impedendo allo Stato di asservire la libertà individuale sottomettendola alle sue pretese.

Un altro argomento sempre utilizzato dai partigiani dell'interventismo è quello che ripete quanto detto a proposito dell'insostituibilità dell'azione statale in ambiti che dovrebbero rimanere al di fuori della logica del mercato e del profitto. Si ripete, cioè, che l'ambito pubblico non può essere amministrato con il metro dell'efficienza aziendale. Questo argomento nasconde una certa sfiducia (se non una vera e propria disistima) verso l'impresa e il profitto che essa deve generare. Se si comprendesse qual è la natura dell'imprenditorialità e come un'azienda impone di essere condotta, il pregiudizio si trasformerebbe in stima e il disprezzo in rispetto ed ammirazione. E se lo Stato, fondandosi sul contrario di ciò che è proprio del buon senso imprenditoriale, non potrà mai somigliare ad una realtà ove le risorse vengono utilizzate in modo razionale, ogni buon governante dovrebbe preoccuparsi di guardare la realtà con la sensibilità e la sollecitudine dell'imprenditore.

Un elemento sicuramente contrario alla logica imprenditoriale è l'assenza di misura o, almeno, l'abitudine allo spreco, sintomo di un atteggiamento poco avveduto che non dà il giusto valore alle cose. Accanto alla giusta considerazione per la moderazione e l'avvedutezza, vi è poi il giudizio estremamente delicato che riguarda la valutazione di ricorrere al prestito. Se il risparmio è la scelta privilegiata (ed ordinaria), in alcune circostanze (straordinarie), al deposito e all'accantonamento si può e si deve sostituire il ricorso al prestito. La possibilità di contrarre debito non è da escludere, ma rispetto alla *via ordinaria*, deve configurarsi quale *caso straordinario*. In altri termini: il debito non è escluso quando il momento lo richiede per operare investimenti, ma non si può vivere costantemente e perennemente con il peso di debiti. Come sempre succede, anche in questo caso, le ragioni propriamente economiche si fondono con le implicazioni morali. Non meno delle prime, anche queste dovrebbero risultare molto chiare: «i debiti enormi sono incompatibili con l'autosufficienza finanziaria e quindi tendono a indebolire l'indipendenza in tutte le altre sfere. L'individuo oberato dai debiti alla fine si abitua a rivolgersi agli altri per ottenere aiuto, invece di maturare per divenire l'ancora economica e morale della famiglia e della comunità intera» (Jörg Guido Hülsmann).

Cosa c'entra ciò con il coronavirus? Per comprendere cosa dovrebbe essere fatto e cosa *non* dovrebbe essere fatto dalle pubbliche autorità, soprattutto in momenti di crisi, basterebbe il buon senso che deve caratterizzare il comportamento imprenditoriale e quello del buon padre di famiglia.

Mediante il ricorso al prestito, ormai da decenni, tutti gli Stati coprono le restituzioni attraverso nuove emissioni di obbligazioni. Ed avviene fisiologicamente – almeno apparentemente – ciò che non può che rappresentare una pura patologia. Sarebbe sintomo di imminente fallimento per chiunque – per un capo famiglia o per un imprenditore – la richiesta di mutui al mattino per poter cenare a sera e contrarre a sera un mutuo per poter restituire il mattino dopo il debito precedente. Ciò che sembrerebbe assurdo in qualsiasi contesto economico sensato diventa la norma nell'insensatezza dello Stato. Si chiede un prestito per un investimento che consenta non solo di ripianare il debito, ma innanzitutto di accrescere i profitti;

lo Stato, invece, emette obbligazioni per la spesa corrente (praticamente per assicurare il prossimo piatto in tavola). In famiglia, un mutuo è giustificato per assicurare maggiore tranquillità nel futuro, non per rendere il futuro carico di oneri.

Un altro effetto conseguente alle sottoscrizioni di debito pubblico è quello relativo alla distorsione del tasso di interesse. Mi riferisco al fatto che nel momento in cui lo Stato chiede di essere finanziato per potere orientare gli investitori verso l'acquisto dei propri buoni deve necessariamente – in campo nazionale come in quello estero – rendere lucrosi questi prodotti finanziari con dei tassi di redditività superiori agli altri investimenti che il mercato può offrire. Quando lo Stato si auto-remunera coercitivamente con le tasse non chiede permesso a nessuno arrivando a mettere in carcere gli "evasori". Ma quando deve convincere a farsi prestare denaro non può che farlo promettendo una più alta redditività rispetto a quella che possono offrire aziende, industrie e società finanziarie. Così facendo, si realizza un'alterazione, per via politica, della determinazione del saggio di interesse che condiziona in modo artificiale il mercato.

C'è anche un altro effetto che il debito pubblico produce. Chiedendo denaro (oltretutto in continuazione e in enormi quantità), lo Stato assorbe ingenti capitali che sarebbero altrimenti utilizzati per investimenti nel mondo del lavoro *moltiplicando* (questa volta per davvero) la ricchezza. Ma anche questa triste conseguenza è occultata dal "partito della spesa". Mi riferisco al fatto che nel momento in cui lo Stato chiede di essere finanziato (ed ha i modi per raggiungere questo scopo) rastrella risorse che devolverà a finalità non solo estranee all'economia, ma addirittura in contrasto con i criteri di questa. La distrazione di risorse preziose (come quelle inghiottite dalla tassazione), letteralmente bruciate, sottrae alle attività economiche quei mezzi che garantirebbero innovazione e miglioramenti che, a loro volta, innalzerebbero il livello del benessere complessivo. Questi capitali non sono semplicemente allocati in un settore economico anziché in un altro; questa dislocazione, infatti, risponderebbe ad un criterio di razionalità premiando le attività più apprezzate. Al contrario, lo Stato non agisce come ogni altro soggetto economico che rimane sul mercato fin quando il proprio prodotto viene ricercato; da soggetto improduttivo e parassitario, lo Stato non scambia nulla di utile e le risorse che drena vengono ingoiate e distrutte per sempre. Perciò, i capitali ottenuti mediante debito sono impiegati in spese quasi sempre sterili ed improduttive e vengono sottratti irrimediabilmente ai dinamismi virtuosi del mercato. Osservava il grande Mises che le tendenze antiliberali si manifestano nelle politiche che distruggono il capitale nel tentativo di accrescere la dotazione del presente a spese del futuro.

Ambito democratico e spesa in deficit sono strettamente congiunti. Ciò che, invece, il popolo non comprende è che il ricorso al debito è un'ipoteca calata sul popolo molto più che sullo Stato. Lo Stato è un'astrazione perché costituito da coloro che possono trarre diretto vantaggio vivendo di esso, mentre il popolo è costituito da individui che continueranno a patire gli effetti della politica anche quando lo Stato avrà altri rappresentanti ed altro personale.

Si esulta per gli ingenti finanziamenti che arriveranno dall'Unione Europea, ma le "misure d'emergenza" si risolvono in un giro contabile: ciò che viene donato con una mano non può che essere prelevato con l'altra mano. Non è mai eccessivo ricordare l'immagine proposta da Bastiat: tutto ciò che lo Stato dona con la mano dolce non può che prelevare con la mano rude nell'impossibilità di offrire più di quanto abbia sottratto. Nessuno si chiede come verranno create queste gigantesche somme. E nessun economista spiega da dove verrà fuori questo denaro. Lo Stato italiano è sempre stato considerato poco disciplinato per i suoi conti in disordine.

Il rimedio dell'Unione Europea alla crisi finanziaria del 2008 è stato il *Quantitative easing*, l'immissione di grandi quantità di denaro attraverso l'acquisto di altrettante estese partite di obbligazioni di titoli degli Stati UE mediante la Banca Centrale di Francoforte, allora diretta (a partire dal 2011) dall'italiano Mario Draghi. Sono trascorsi diversi anni ormai e di quelle misure eccezionali si dice che ancora non si possa fare a meno. La massiccia iniezione di liquidità intrapresa dalla UE non rappresenta certo una strada originale perché sin dall'antichità uno dei modi con cui il potere ha aggirato le crisi che esso stesso aveva provocato è stato la emissione di moneta o la svalutazione del circolante, misure che si riassumono nel fenomeno dell'inflazione.

Gli interventi statali sono frutto di trucchi e forzature perché la ricchezza e i singoli beni non si creano dal nulla. Per lo Stato (in qualità di governo arbitrario che stravolge l'ordine naturale delle leggi economiche) esistono tre possibilità per eludere la scarsità dei beni a cui economicamente si provvede con il lavoro e lo scambio volontario. A ben vedere queste tre possibilità, complessivamente, coincidono con ciò che Rothbard chiama il *mezzo politico* dell'acquisizione della ricchezza. Questa modalità politica, quindi, si concretizza nelle tre classiche possibilità, ciascuna delle quali non esclude mai le altre a cui si affianca sommandosi. Nelle precedenti considerazioni mi sono soffermato sulla tassazione e sul debito. Se l'imposizione fiscale costituisce, da sempre, la modalità più diretta ed immediata per reperire risorse in modo coattivo e costrittivo, la richiesta continua di prestito configura lo Stato quale soggetto massimamente dissipatore. Già queste due modalità mostrano quanto sia distante dalla correttezza e dalla razionalità economica l'azione statale. D'altra parte non si comprenderebbe l'azione dello Stato se prescindessimo da alcune asimmetrie che esso include e provoca («ciò che si vede e ciò che non si vede»). La macchina statale è incapace di risparmiare e di accumulare depositi; essa è fatta solo per spendere e dilapidare. Lo fa anche utilizzando la terza possibilità in suo potere: depauperando la moneta aumentandone le quantità. È ciò che va sotto il nome di inflazione.

Occorre subito precisare che, contrariamente alla terminologia corrente, l'inflazione non rappresenta l'aumento dei prezzi. La lievitazione dei prezzi (soprattutto al consumo) è solo conseguenza di un fenomeno che, invece, dev'essere identificato con l'aumento della quantità di denaro in circolazione. Maggiore è la massa di banconote, minore è il potere di acquisto della moneta per l'inevitabile effetto dell'innalzamento del prezzo.

Si esulta per gli ingenti finanziamenti che arriveranno dall'Unione Europea. Nessuno si chiede come verranno create queste (gigantesche) somme perché, contrariamente a quel che si può pensare, il denaro, al pari della ricchezza, non si crea dal nulla.

Per superare le leggi della natura occorre un miracolo e lo Stato che pretende di sostituirsi a Dio si riduce a stregone il cui sortilegio si infrange dinanzi alla insuperabile e ostinata realtà della nemesi economica. La tassazione che vorrebbe ottenere perequazione ed equità produce solo uguaglianza nella povertà per la contrazione del lavoro; il debito, che vorrebbe generare sviluppo futuro, paralizza e ipoteca l'avvenire dei giovani per l'infruttosità del capitale presente e la moltiplicazione della moneta, che vorrebbe aumentare la ricchezza, svuota la moneta della sua solidità.

Un'emergenza giustifica sempre lo sforamento, ma i conti – la dura ed impietosa aritmetica – non hanno bisogno di giustificazione, i conti sono ostinati e gridano: «è l'economia, stupido!». A ciò lo Stato risponde ignorando i conti e la realtà che essi contengono. «Se i conti non ci danno ragione, tanto peggio per loro», sembra rispondere il ceto politico nel momento in cui continua a pagare la Cassa Integrazione, a versare reddito di cittadinanza, di emergenza, di inclusione, a indennizzare e a risarcire aziende ed esercizi commerciali, ad assumere personale, ecc., ecc. Statalismo e comunismo sono strettamente uniti dall'ideologia che adultera la realtà a proprio vantaggio: «se i fatti non ci daranno ragione, peggio per i fatti!».

Si è sentito ripetere da tutti i politici che l'eccezionalità della circostanza richiedeva misure eccezionali e che la gravità della situazione imponeva provvedimenti straordinari. Queste parole sono diventate quasi un mantra. In buona fede (per ignoranza e per l'abitudine a declamare comodamente ciò che piace ascoltare) o in cattiva fede (gridando all'alibi della necessità emergenziale) i conti vengono comunque brutalizzati.

A questo punto occorrerebbe richiamare la natura delle banche centrali. Mi limito, invece, a sostenere che non basta richiamarne le enormi responsabilità, occorre arrivare ad avere la chiarezza di mettere in discussione l'istituzione e il ruolo in quanto tale invocandone l'abolizione *sic et simpliciter* perché non si potrà mai rimettere in piedi l'economia fin quando lo Stato continuerà a possedere il controllo della moneta.

Mi dilungo appena qualche riga per dare solo un cenno a due appendici. La prima riguarda l'inevitabile intreccio tra soldi pubblici e corruzione. Se per lo Stato è così facile distribuire denaro è perché questo denaro è innanzitutto facile da produrre. Come sarebbe possibile, dinanzi ad enormi quantità di moneta amministrate dal ceto politico, non sviluppare non solo la brama della corruzione ma, ancor più, il fertilizzante per il più largo sviluppo delle associazioni criminali? Ed ecco, allora, che, come ingenui sprovveduti, gli stessi uomini dello Stato, da un lato, gridano al rischio di infiltrazioni mafiose e caldeggiano il dovere a vigilare perché i fondi europei non cadano nelle mani delle organizzazioni delinquenziali (che, strano a dirsi, sono diventate delle vere e proprie *holdings* grazie ai grandi appalti pubblici), dall'altro, si sentono offesi quando nel mondo ci considerano un Paese in balia delle cosche. Come se ciò non fosse, in buona misura, vero. Crearono polemica e quasi un problema diplomatico le affermazioni di un grande quotidiano tedesco, il «Die Welt», che, agli inizi di aprile (2020), sollevò il sospetto sulle mire delle associazioni mafiose interessate (ovviamente) ai fiumi di denaro in arrivo. Contro chi accusò la Germania di voler coprirci di vergogna, mi limitai a postare sui *social*: «e l'hanno capito anche in Germania che la mafia è la più efficiente azienda italiana, leader in campo nazionale e da tempo capace di esportazione nei migliori centri politici europei: eccellenza italiana nel mondo! L'unica attività italiana che non ha avuto mai bisogno di Cassa Integrazione, con dipendenti che non hanno mai dovuto ridurre l'orario di lavoro e con frequenti campagne di assunzioni per necessità di sempre nuovo personale».

La seconda appendice riguarda la lotta al contante che si è ultimamente rafforzata a causa (o, meglio, con il pretesto) della lotta al Covid. La questione si inserisce nel processo di esproprio, da parte dello Stato, della titolarità della moneta.

La lotta politica all'uso del contante è una costante di ogni statalismo e oggi rischia di essere anche più efficacemente pervasiva di quanto non sia stato nelle pagine più tristi della storia. Così, ad esempio, durante i momenti del terrore leninista nella nuova Russia comunista. Momenti che costituiscono sinistre – ma non troppo sorprendenti – analogie con l'occhiuto Stato democratico.

Dopo le ultime due appendici, concludo questa serie di riflessioni ribadendo non solo la netta demarcazione tra due opposte scuole economiche («la soluzione austriaca per la depressione è [...] diametralmente opposta a quella keynesiana; il governo deve assolutamente *tenere giù le mani* dall'economia, e limitarsi a fermare la propria inflazione e a tagliare le proprie spese», Murray Rothbard), ma anche le ragioni della mia personale collocazione in questo confronto. Sono convinto, infatti, che come il rispetto dell'ordine naturale del mercato e dello scambio consente il progresso e la prosperità, ponendosi come antitetico ad ogni violenza e forzatura, così i momenti di difficoltà sono quelli in cui occorre non stravolgere ed alterare, ma ristabilire e restaurare le leggi economiche. L'alternativa a queste ultime è costituito dallo Stato e dal suo interventismo che, lungi dal dimostrarsi salvatore e risolutore, si rivela per ciò che è: un peso insostenibile.

Crisi del liberismo?

Chiudo queste considerazioni a più specifica intonazione economica aprendo delle finestre su alcune grandi questioni che, seppur in rapida successione e con esposizione sintetica, non avrei voluto omettere.

Le immagini che scorrono in TV, mostrando attività produttive piegate ed esercizi commerciali allo stremo, danno la sensazione di come le difficoltà economiche prostrino l'intera società. Ciò a sconfessione di chi ritiene di non dover occuparsi di economia perché frettolosamente giudicata quale regno dell'avidità o, in modo meno manicheo, quale aspetto pur importante, ma che non merita il centro dell'attenzione. Intanto, con l'economia in ginocchio, si moltiplicano i discorsi solidaristici. Ma le crisi economiche non si risolvono con l'elemosina o con le mense per gli indigenti.

L'uomo moderno è diseducato a comprendere le virtualità del libero mercato di cui non ha più diretta esperienza; non comprende quali benefici comporta la libertà di iniziativa e quali traguardi sono resi possibili là ove l'azione umana è libera di agire. D'altro canto, oggi, l'uomo sembra non poter prescindere dalla mano dello Stato che, per quanto stritolante, è avvertita anche come indispensabilmente protettiva; si tratta di una concezione forgiata dall'abitudine e dall'assenza di confronti (benedetta concorrenza!). Dove l'uomo ha sempre lo Stato di fronte a sé, risulta difficile anche solo pensare ad un mondo di azioni autenticamente libere; dove l'unico orizzonte è quello costituito dallo Stato e da ciò che gira intorno ad esso, la persona e la sua iniziativa sembrano inevitabilmente subordinati; dove l'individuo si suppone obbligato e senza alternative rispetto al potere politico, anche pensare in modo libero diviene un'impresa straordinaria.

Come il libero mercato crea le migliori condizioni generali di sviluppo, progresso e benessere, utili ad affrontare qualsiasi tipo di avversità, non di meno, nel momento di emergenza, le possibilità offerte dall'iniziativa privata, quando questa è diffusa e radicata, solida e matura, vigorosa e florida, si rivelano le più efficienti ed efficaci soluzioni.

Il superamento del mercato e della sua logica è una tentazione che si annida sempre, ma che esplode puntualmente in particolari occasioni quali sono le emergenze e le condizioni di necessità.

Come capita in ogni occasione economica cruciale o particolarmente dolorosa, volendo sempre e comunque identificare un colpevole, ci si rivolge ad accusare il nemico pubblico per eccellenza: il capitalismo oggi più comunemente definito "neo-liberismo".

Oltretutto, come quasi sempre capita quando si lanciano accuse generiche – dato che contro il capro espiatorio vanno sollevati lo sdegno e il risentimento ma non ci si può permettere di essere precisi per non essere sbugiardati e smentiti – il "neo-liberismo" non viene pressoché mai definito. Rimane uno spettro generico che, proprio per questo, può assumere le sembianze che di volta in volta ad esso si possono surrettiziamente appiccicare o il volto che ciascuno, strumentalmente, può affibbiare.

Eppure, soprattutto in Italia, tutti gli indici stanno a dimostrare la costante regressione delle caratteristiche costitutive dell'economia di mercato quali, ad esempio, la libertà imprenditoriale, la concorrenzialità, il rispetto della proprietà, l'apprezzamento del merito e la punibilità del demerito, un sistema giuridico chiaro e lineare, la facoltà di trasferire capitali, il libero scambio internazionale, il plauso per la richezza, ecc., e, di converso, il costante incremento delle caratteristiche ad esso avverse quali, ad esempio, la burocrazia, i privilegi (la Cassa Integrazione ad esempio), la predazione fiscale, l'arbitrio della legislazione, le assegnazioni anti-meritocratiche, l'impossibilità di licenziamento, l'incubo della magistratura, il protezionismo commerciale, il discredito della ricchezza, il condizionamento politico, ecc. L'Italia è sempre ultima nelle classifiche che elencano i Paesi occidentali per quanto riguarda sia le libertà economiche, sia il riconoscimento della proprietà privata. Nonostante tutto ciò, l'economia di libero mercato, detta anche capitalismo o "neo-liberismo", rimane, nell'immaginario dei più, il grande o l'occulto responsabile dei guasti presenti nella società.

Per fraintendimento o per pregiudizio, la libera economia di mercato subisce comunque un formidabile attacco che ne scredita i fondamenti e ne occulta le realizzazioni.

Così che ciò che dovrebbe indurre a riflettere per tornare senz'indugio ad un'economia naturale e libera, si ribalta nel suo esatto contrario e, sotto la compiaciuta pressione dell'opinione pubblica e l'ossequio per la volontà democratica, si intensifica la regolamentazione, si dilata il dirigismo, si accrescono i poteri politici. Anziché liberare l'economia dalle sue catene, i momenti di difficoltà – paradossalmente ma senza dover meravigliarsi, irrazionalmente ma non senza rispondere a estesi interessi, illogicamente ma non senza motivi – riportando alla ribalta le teorie keynesiane, finiscono con l'essere le grandi occasioni per la crescita del Leviatano. Ovviamente, ciò è reso possibile dall'opera di denigrazione verso la libertà economica perché «i cosiddetti "fallimenti del mercato" servono da pretesto per iniziative pubbliche di correzione, che implicitamente assumono l'infallibilità del pianificatore, dell'esperto del Principe» (Sergio Ricossa).

È anche vero che accanto al pregiudizio puramente ideologico, a sfavore del mercato pesano confusione, fraintendimenti ed equivoci non imputabili alla logica della libera economia, ma che questa logica compromettono nell'immaginario di tanti contemporanei. In altri termini, se il sistema di libero scambio e di proprietà privata ha avuto molti nemici, ancor più possono essere coloro che, per pura leggerezza o per mera superficialità, intendono il capitalismo come regno dell'avidità e della disumanità, l'ambito lavorativo in cui si dà libero sfogo ai peggiori istinti di sopraffazione.

Come provare a definire ciò che chiamiamo "mercato"? Se è così facile travisare questa realtà squisitamente umana perché non provare a dare una definizione che impedisca i malintesi? Ai miei studenti – non lesinando la spiegazione dei dettagli e dei passaggi di questa formula – presentavo e chiedevo di commentare queste parole. Il mercato è quel *processo* umano *naturale* in cui, in virtù del diritto di proprietà, lo *scambio* avviene in modo *libero* e senza alcuna coercizione. «Il mercato, nel senso più ampio del termine, è quel processo che abbraccia tutte le azioni volontarie e spontanee degli uomini. È il regno dell'iniziativa umana e della libertà, il territorio su cui prosperano tutte le conquiste umane» (Ludwig von Mises).

Dovrebbe risultare facile comprendere che al sistema capitalistico non può esservi alternativa. L'unica alternativa sensata ad un sistema di parziale cooperazione sociale è solo un fruttoso incremento di libertà di mercato. Dovrebbe essere facile capire che più ci si allontana dal sistema di libertà economica più si penetra nel regno del caos. Mises ribadiva che, in termini propri, «la scelta è tra capitalismo e caos». Se il socialismo è la forma più compiuta di opposizione alla libertà economica, allora il socialismo è anche la dimostrazione della pianificazione del caos. Ma sarebbe un errore pensare che occorra preoccuparsi del caos o del socialismo solo quando l'uno o l'altro giungono alla loro fase più compiuta. Ogni allontamento dal sistema di cooperazione naturale è una dose di caos inserita nei rapporti tra gli uomini e una dose di veleno iniettata nelle dinamiche sociali.

Comprendere la vera natura del socialismo significa non cadere nella ingenuità (un'ingenuità tragica) di ritenere questo sistema qualcosa che possa essere di sollievo ai proletari e ai poveri. Questi potranno uscire dalla condizione in cui si trovano solo mediante il lavoro libero e la cooperazione sociale. Ecco, allora, perché attaccare il capitalismo comporta danneggiare particolarmente coloro che ancor più di altri hanno bisogno delle virtualità del mercato per affrancarsi dalla situazione in cui versano. Infatti, i più penalizzati

dalle restrizioni al libero mercato sono i poveri, i più danneggiati
dalle limitazioni al libero commercio sono i più umili.

Se vi è una crisi del liberismo, questa non è determinata da una
sua intrinseca debolezza, ma dall'accerchiamento in cui sono po-
ste le sue realizzazioni; ad essere in crisi, infatti, non sono le teorie
liberali, ma la loro realizzazione perché ostacolata dal dilagante
statalismo. È davvero sorprendente come molti ritengano il ridimensionamento del libero mercato una, se non la prima ed indifferibile,
delle necessità imposte dalla pandemia e dal mondo cambiato da
essa. Ed è non meno sorprendente che siano così pochi coloro che,
invece, riconoscono nel comunismo – il grande avversario del capitalismo – oltre che il responsabile della pandemia, anche la vera
grande zavorra di cui liberarsi al più presto perché ancora grava in
misura tanto pesante sul presente dell'umanità.

Spesso la pandemia è stata paragonata ad una guerra. A volte in
modo proprio, a volte in modo improprio. Si sbaglia, ad esempio,
quando, nella lotta contro questo nemico piccolo ed invisibile, si evo-
ca, capziosamente, il clima di guerra per giustificare e per dare forza
ad ogni provvedimento politico. Proprio per questo motivo, però, la
situazione di guerra potrebbe non essere solo una metafora. Temo,
cioé, che siano molte, troppe le analogie tra la situazione pandemica
e quella di guerra, per non ricordare come le grandi vicende belliche
moderne abbiano sempre contenuto un carattere "rivoluzionario".

Cresce l'attesa della gente dietro l'impulso offerto dalle previsioni
di politica economica. Quello della grande opportunità è un concetto
che viene riproposto continuamente e in tutte le salse.

Sembrerebbe che il Covid-19 abbia rappresentato una gigantesca
fortuna per l'Italia. Occorreva una disavventura del genere per creare risorse atte a rimettere in piedi e a rilanciare l'intero comparto
della scuola, il settore della sanità, della pubblica amministrazione,
dell'industria, dei trasporti, delle infrastrutture, ecc. In altri termini,
l'ammodernamento dell'intero Paese. L'Italia che, sino a ieri (e solo
nel 2011 e nel 2012 era ad un passo dalla bancarotta), non riusciva
neanche a pagare gli interessi sul debito, ora sembra aver trovato la
vincita alla lotteria non solo per riprendersi dal tracollo, ma addirittura per decollare ad una velocità mai sperimentata.

Ma davvero si tratta di una strepitosa *chance* e di una circostanza provvidenziale per lo sviluppo? Non solo non lo penso affatto, ma mi dico sicuro del contrario: il pozzo in cui si cade può essere confuso con un trampolino dal quale librarsi solo negando ogni evidenza fisica ed economica. Dal pozzo occorre tirarsi fuori e, ovviamente, questo è possibile, ma ciò comporta un inevitabile dispendio di energie e queste risorse necessarie al recupero rappresentano costi che non facilitano, ma appesantiscono l'ordinario sviluppo o la possibilità di una ripresa. Alla scuola di Bastiat – l'anti-Keynes *ante litteram* ridicolizzato da Marx – anche io ripeto che ogni avversità non rappresenta un moltiplicatore di sviluppo, ma solo un problema in più a cui porre soluzione.

I cattedratici (che non ho voluto citare per non apparire invidioso del loro successo) intravedono la *grande svolta* che rilancerà l'economia se agli Stati non verrà negato il necessario consenso (che, fuor di metafora, significa legittimare il rastrellamento delle relative risorse). D'incanto scompare, anche per l'Italia, il rischio *default*, il problema del debito e dell'inflazione e ci si lancia, carichi di fiducia nelle proprie capacità previsionali, verso un nuovo traguardo che sta assumendo sempre più i contorni di una nuova alba per il mondo intero.

Le cattive idee economiche si trasformano in un'ottima piattaforma per le teorie ideologiche più pericolose. Così è stato già per il marxismo. Così ora avviene per fornire una parvenza di credibilità scientifica al teorema di una svolta che, per quanto imparato dall'epidemia, dovrebbe investire l'intera umanità. L'idea di una trasformazione economica, sociale, politica, ambientale, un azzeramento del passato e una partenza, una cancellazione delle tradizioni e un nuovo avvio: un grande *reset* mondiale.

Dalle motivazioni economiche ai risvolti più propriamente ideologici il mito del Grande Reset è già largamente diffuso. L'idea della grande occasione per rimodulare la società, la cultura popolare, l'intero ordinamento e il mondo nel suo insieme attraverso un maggiore centralismo è un *leitmotiv* martellante, presente ormai in tutti gli interventi pubblici.

Se poi ci domandiamo quali potrebbero essere i tratti del nuovo mondo segnato dal *reset* imposto dalla pandemia, la risposta non necessita né di complicate analisi né di particolare acume: la miscela ha sempre gli stessi ingredienti. L'ambientalismo la fa, almeno apparentemente, da padrone (anticipando il lugubre scenario di prossimi allarmi con conseguenti nuove emergenze). "Apparentemente" perché, in realtà, l'ambientalismo è la versione giovanile, suadente, generosa e disinteressata dell'anti-capitalismo più pervicace e dell'anti-occidentalismo più arrabbiato. Ambientalismo e anti-capitalismo, infatti, si specchiano in una nuova forma del mito del "buon selvaggio" (le ideologie si "riciclano" forse perché sono ambientaliste), ritrovato nella sua versione aggiornata dell'abbandono dello sforzo per la crescita economica e del dolce scivolamento verso l'involuzione (la cosiddetta decrescita felice).

Ciascuna di queste facce della medaglia esprime un'unica tendenza che può essere ricompresa come un radicale "cambio di paradigma", un rivoluzionamento di ciò che sinora, grazie alla linfa cristiana, era considerato desiderabile e ciò per cui valeva vivere, sacrificarsi e spendersi. E, così, si passa dalla naturale aspirazione al miglioramento della condizione umana all'innaturale desiderio di peggiorare; dal naturale bisogno di progredire all'innaturale voglia di perseguire l'involuzione; dall'inesausto sforzo per assicurare una crescita del benessere all'impegno ad ostacolare la prosperità nell'auspicio di una decrescita economica.

La versione religiosa di questa deriva è contenuta nella predicazione di papa Bergoglio che la esprime tanto con gli atteggiamenti personali e le scelte di governo, quanto con le parole estemporanee e i documenti ufficiali. Non sorprende, quindi, che l'intero pontificato possa essere interpretato come una formidabile stampella spirituale all'ideologia dell'involuzione e della decrescita. E neanche deve meravigliare che i più sensibili e avveduti – tra i credenti come tra i non credenti – riconoscano, oggi, che «il buio più tragico viene dalla Chiesa cattolica romana» (Stefano Fontana).

Un elemento non secondario di questo tentativo di reimpostare i fondamenti della società e i rapporti tra le persone è l'abolizione della distinzione del genere. L'ideologia *gender* sembra, ormai, aver sostituito il vincolo della famiglia naturale ed aver superato la stessa distinzione tra il genere maschile e il genere femminile. Si tratta di una acquisizione che è in capo ai programmi dei vari fronti progressisti e determina l'agenda politica dei governi. È, con tutta evidenza, una questione fondamentale il cui portato è chiaro più nella consapevolezza di chi intende espugnare questa trincea che nella coscienza di chi prova a difendere il baluardo della famiglia naturale.

Anche solo il nome "grande *reset*" dimostra che la nostra civiltà è al tramonto. Lo si comprende anche dall'atteggiamento degli occidentali, degli europei, degli italiani che hanno in tale disistima le proprie radici da voler *resettare* la propria stessa storia. Davvero «*l*e civiltà muoiono per l'indifferenza verso i valori peculiari che le fondano» (Nicolás Gómez Dávila). Se di svolta si deve parlare, questa dovrebbe, piuttosto, comportare un "ritorno" non certo un azzeramento, una "riforma" non certo una "rivoluzione", una "restaurazione" non certo una "trasformazione". Progressisti e rivoluzionari sono stati la tassazione, il debito pubblico, l'inflazione monetaria e se è vero che non è mai sopravvissuta una civiltà con queste mortali malattie, è anche vero che il vaccino per salvare l'Occidente sarebbe costituito da un'inversione, non da un'accelerazione nella direzione letale della statalizzazione della vita individuale. Ma il "grande *reset*" non intende affatto azzerare questa marcia, intende tranciare ogni possibilità di revisione per rendere irrevesibile la direzione. Si tratta, però, di un cammino che non avendo imparato nulla dal passato non può avere alcun futuro.

La globalizzazione non è un fenomeno che si impone dall'alto e neanche deve essere regolamentato in base ai capricci politici. La globalizzazione è inscritta nella stessa natura dell'uomo che, per vivere meglio, scambia e coopera con i suoi vicini e tanto più la cooperazione e lo scambio sono consistenti e rapidi, tanto più il raggio si allarga sino a riguardare anche individui molto lontani. L'"interdipendenza" è una realtà spontanea e naturale.

Alcune voci hanno parlato di crisi della globalizzazione a causa della pandemia. Un'epidemia generalizzata che ha imposto quarantene e chiusura dei confini, blocco dei voli e interruzione degli scambi; un'epidemia che metterebbe anche in discussione l'internazionalizzazione dei commerci e l'abituale mobilità.

Questo ha sicuramente una parte di verità fattuale perché, come è vero che la pandemia ha prodotto un impovermiento generale, allo stesso modo ha comportato anche un raffreddamento della globalizzazione. Nel dire ciò bisogna innanzitutto riconoscere il collegamento tra questi due elementi: globalizzazione e ricchezza. Si potrebbe dire: *aut simul stabunt aut simul cadent*, avanzano insieme o indietreggiano insieme. È vero che *fattualmente* la pandemia provoca una battuta d'arresto (o almeno un rallentamento) della globalizzazione, ma *in modo valoriale* ciò non può che essere considerato negativamente.

Proprio la pandemia dimostra l'impossibilità di frenare o imbrigliare l'interdipendenza umana. Il virus nato (o creato che sia) in una parte del mondo ha invaso ogni angolo del pianeta. Capitava anche in epoche in cui la mobilità era ridotta, figuriamoci oggi in epoca di "villaggio globale".

Il fatto stesso che il coronavirus abbia infettato il mondo intero dovrebbe essere sufficiente a far ritenere che ciascuna parte del mondo non può non essere in connessione con il resto del pianeta. E così anche il modo con cui l'emergenza, che ha riguardato una parte, ha comunque riguardato anche ogni altra zona e area.

Parlando di globalizzazione, può essere il caso fare ancora un cenno ai due attori internazionali che in questo 2020 si sono confrontati con l'emergenza virale. Il primo attore è la Cina, il secondo sono gli USA.

Non saranno mai sufficienti i richiami alle responsabilità della Cina e queste colpe fanno del virus qualcosa che possa qualificarsi propriamente come "virus comunista". Ciò già in base alle conoscenze di cui disponiamo supponendo che quando sarà possibile conoscere ciò che al momento il regime di Pechino tiene ancora nascosto, le colpe del comunismo appariranno ancor più evidenti.

Mentre la Cina affermava di aver già superato le difficoltà economiche prodotte dall'epidemia, sul suo grande rivale venivano scaricati tutti gli effetti politici del coronavirus. Man mano che la data delle elezioni si avvicinava, tanto più cresceva la percezione del peso svolto dal Covid nella scelta del futuro presidente. Il virus cinese ha certamente condizionato il voto degli americani, prendendosi il posto centrale anche nei dibattiti televisivi dei candidati, che hanno visto un Biden nella comoda posizione dell'attaccante e un Trump nella disagiata posizione dell'accerchiato.

Sulla scena mondiale, accanto ai due protagonisti veri (USA e Cina), vi sarebbe anche un terzo attore, nelle vesti di "non protagonista". Sebbene possa essere sempre riconosciuto tale (assolutamente "non protagonista"), tale attore non corre il rischio di vedersi assegnato alcun Oscar riservato a questo genere di categoria artistico-cinematografica. Ovviamente intendo riferirmi all'Unione Europea.

Un attore di secondo piano, quindi. Il cui peso diminuisce in proporzione al suo incedere. Infatti, le aspettative iniziali (penso agli anni del trattato di Maastricht firmato nei primi mesi del 1992) avevano generato, sullo scenario mondiale, un'immagine di forza e di potenza (che, tra l'altro, catalizzò l'adesione di altri Stati). Un'immagine (ed un'aspettativa) ormai decisamente tramontata a causa della dimostrazione dell'effettivo stagnante cammino comunitario contraddistinto da centralismo e burocrazia. È il paradosso dell'Unione Europea che si esprime con il depotenziamento – diplomatico, oltre che economico – dei singoli Paesi. Infatti, non solo i legami comunitari non hanno consentito alle varie cancellerie di tesaurizzare alcun vantaggio, ma ciascuna compagine nazionale ha patito il crescente discredito calato sull'insieme comunitario. I vizi ideologici dell'Unione Europea hanno, dunque, impedito di rendere vantaggiosa la cooperazione. Il motivo? Si trattava di una cooperazione tra Stati, cioé tra soggetti regolarmente autoreferenziali, e non tra soggetti operanti nella naturale condizione di mercato. Perché questa condizione si crei non occorrono gli accordi tra gli Stati perché sono esattamente gli Stati i principali nemici del mercato.

Parlavo di "vizi ideologici". Credo che siano essi la radice vera del fallimento dell'enorme e costosissimo progetto di ingegneria sociale chiamato Unione Europea.

Il virus politico-burocratico è davvero il più letale per distruggere la civiltà che in Europa ha (aveva) le sue radici.

Non solo, quindi, non mi accodo all'esultanza dei ritrovati patrioti che ritengono i soldi giunti dell'UE una sicura benedizione per la stremata Italia (penso, invece, che il denaro ottenuto facilmente, oltre a creare debito e tasse, impoverisca attraverso l'inflazione), ma neanche ritengo che questa vittoria buonista sia da considerarsi una prova della insostituibile generosità e del maturo affratellamento dei popoli europei. Credo, invece, che il solidarismo – quello che fa rima con il "politicamente corretto" – sia la migliore impalcatura per legittimare espropri a danno di alcuni e privilegi a vantaggio di altri.

In questo modo la società si divide tra coloro che subiscono l'iniziativa politica e coloro che si avvantaggiano delle conseguenze di questa stessa iniziativa. Questa contrapposizione tra lavoratori e parassiti, tra pagatori di tasse e consumatori di tasse non può che generare una sorta di lotta di classe, anzi la vera lotta di classe che non è quella tra proletari e capitalisti, ma tra espropriati ed espropriatori.

Per questi motivi mi sento di affermare che i contrasti tra i Paesi UE – ove i "frugali" rappresentano i pagatori di tasse e gli irresponsabili con alto debito pubblico rappresentano i consumatori di tasse – non debbano essere considerati né spiacevoli, né sconvenienti. Sono invece legittimi ed anche necessari. Essi nascono non dall'avarizia e dalla mancanza di sensibilità, ma dal dovere di resistere all'aggressore, al cancro dell'unanimismo collettivizzatore, al virus della nuova religione dell'espropriazione. Dal dovere, cioé, di non cedere all'ingiustizia soprattutto quando questo lupo famelico veste i panni della solidarietà tra le nazioni.

Mi sento di affermare, addirittura, che questi contrasti comportano il salutare effetto di rendere manifeste le insolubili contraddizioni contenute sia nel concetto di Stato moderno sia nel tentativo di dare luogo ad un super-Stato ancora più distante dalla vita reale di famiglie e lavoratori. È salutare, cioé, che esplodano le contraddizioni proprie del mito dell'interesse generale che demonizza l'interesse particolare ed è salutare che sia, invece, proprio quest'ultimo – in quanto unico veicolatore e autentico portatore dell'ordine naturale delle cose – a ristabilire i criteri del reale benessere sociale.

Le tendenze sinora richiamate convergono verso un approdo particolare: l'istituzione di un'autorità mondiale in grado di poter disciplinare le iniziative economiche evitando che quelle private prevalgano sul bene comune, in grado di poter traghettare il mondo verso il grande cambiamento superando le resistenze della cultura tradizionale, in grado di poter governare la globalizzazione scongiurando l'egemonia delle multinazionali, in grado di dare nuova legittimazione ad organismi regionali e continentali impedendone l'implosione e il logoramento interno.

Tutto questo in realtà già esiste e si chiama Organizzazione delle Nazioni Unite. L'ONU, infatti, incarna questo progetto di autorità mondiale, un progetto a cui tutti si inchinano che, però, ha avuto un'imprevista battuta di arresto nei quattro anni di Trump alla Casa Bianca. Certamente Trump ha fatto da guastafeste dell'internazionale *liberal* che, avendolo subito identificato come elemento estraneo ed anomalo, gli dichiarato una guerra senza sosta.

Ho contrapposto gli enti collettivi all'individuo, mi resta ancora da determinare perché l'orientamento di pensiero che prende il nome di "individualismo" va riqualificato. Sulla scia di questa riabilitazione posso anche spiegare con facilità la mia preferenza ad adottare i termini che derivano da quel concetto. Ebbene, non è mai superfluo precisare che l'"individualismo" non è un orientamento che postuli il rifiuto della socialità o che addirittura comporti l'egoismo. "Individualismo", invece, è un particolare metodo di analisi dei fenomeni sociali che esprime una precisa scelta epistemologica a favore dell'individuo, contestando la consistenza degli enti collettivi. Ogni preconcetto che grava sulla nozione va, quindi, abbandonato perché "individualismo" indica solo il contrario di "collettivismo" (o di "comunitarismo") affermando il primato della singola persona rispetto ad ogni dimensione collettiva. L'"individualismo metodologico", infatti, intende opporsi al "collettivismo metodologico" spiegando come, per affrontare i fenomeni sociali, occorra partire non dagli enti collettivi, ma sempre ed unicamente dalle singole individualità personali. La formula viene spesso equivocata in base ad un pregiudizio morale o religioso, ma tale pregiudizio va assolutamente ribaltato perché solo un corretto metodo di analisi, che non conceda alcun primato alla dimensione collettiva, può dare riconoscimento adeguato all'inviolabilità dell'individuo. Ecco, quindi, perché, lungi dal considerare questo "individualismo" sinonimo di rigetto della socialità o di ripiegamento solipsistico o di isolamento anti-sociale, esso si pone come migliore interpretazione della insopprimibile natura inter-personale dell'essere umano. Riconoscere il metodo individualistico significa dare risalto alla condizione naturalmente sociale dell'uomo così come applicare una prospettiva collettivistica comporta un'inesorabile deriva atomistica: l'analisi della socialità umana richiede l'individualismo metodologico mentre l'atomismo corrisponde al collettivismo.

Da questa corretta comprensione dell'individualismo derivano decisive conseguenze per l'economia nel più ampio quadro delle scienze sociali.

Un "nuovo ordine mondiale" si presenterebbe come necessario per assicurare la priorità sia del "bene comune" (utile pretesto per mettere sotto controllo ogni iniziativa privata) sia della "giustizia sociale" (slogan sempre vincente per contrastare ogni resistenza individuale) e, in nome di tutto ciò, centralizzare ancor più il potere che si ergerebbe a dominio di un collettivismo di fatto mai così esteso come quello che potrebbe prefigurarsi.

In una situazione in cui il potere più perfido è quello che si afferma nel nome dei valori universali e del superamento degli interessi individuali, non è un caso che ad aggiungere confusione provveda la Chiesa Cattolica le cui guide – da Paolo VI a Giovanni Paolo II, da Benedetto XVI a Francesco – non hanno mai smesso di salutare con grande entusiasmo il cammino verso un governo mondiale dimostrando un'ingenuità davvero sconfortante.

L'umanità può subire qualcosa di peggiore dello Stato nazionale che abbiamo conosciuto nel suo continuo accrescimento in questi ultimi due secoli: un governo mondiale che instaurerebbe un collettivismo anti-individualistico *de facto*, un'infezione più letale di qualsiasi virus.

3

La Cina e il suo virus ideologico.
Considerazioni geo-politiche

Seduzione radical chic *e orrore cinese*

MI CHIEDO QUALI SIANO le qualità perché una persona possa essere definita "intellettuale". E sono giunto alla conclusione che le prime (le qualità) non hanno molta relazione con la seconda (la definizione di "intellettuale"). A dimostrarlo è innanzitutto il fatto che quasi tutti coloro che possono fregiarsi del titolo di "intellettuale" abbiano mostrato un singolare e pervicace ottundimento. Quasi tutti quelli ai quali viene riconosciuto il titolo di pensatori – i *maître à penser* – hanno avuto la particolare capacità di osannare i vari generi di collettivismo offrendo a questi sempre pronta collaborazione ed incondizionata dedizione.

In epoca di pandemia e riflettendo su ciò che è avvenuto a causa del Covid-19, non vorrei certo trascurare di affermare – anzi, vorrei riuscire a farlo con tutte le forze di cui sono capace – che l'eccitazione ideologica e il clima di euforia per il socialismo hanno costituito il più distruttivo virus che la civiltà umana abbia mai, nella sua storia, sperimentato.

Uno dei più noti giornalisti statunitensi della prima metà del Novecento, Joseph Lincoln Steffens, tra le principali firme dell'aggressivo giornalismo cosiddetto *muckraker*, nel 1919, svolse un viaggio in Russia. Durante la sua permanenza nella neonata repubblica bolscevica, Steffens aveva anche intervistato Lenin, rimanendone positivamente colpito. Al ritorno dal viaggio, il suo entusiasmo per il comunismo si espresse con una frase rimasta celebre: «ho visto il futuro ed esso funziona!». E furono in tanti a rimanere così abbagliati da non riuscire a vedere cosa fosse davvero avvenuto e cosa si preparasse all'orizzonte.

Non saprei dire se fu il modello cinese ad illudere buona parte dell'intellighenzia occidentale o, piuttosto, se furono gli intellettuali nostrani *radical chic* ad illudere coloro che si nutrivano di ogni parola che usciva dalla loro bocca. Ad ogni modo tutta la "sinistra al caviale" occidentale (ed anti-occidentalista) – da Jean-Paul Sartre a Louis Althusser, da Simone de Beauvoir a Maria Antonietta Macciocchi, da Alberto Moravia a Umberto Eco, da Rossana Rossanda a Aldo Brandirali – fu solerte profeta del Verbo di Mao (lo sarà anche di Pol Pot, di Ho Chi Minh, di Fidel Castro). Ma le premesse della costruzione del mito erano tutte presenti e queste erano, da un lato, il pregiudizio nei confronti dell'Occidente, la preclusione nel capire cosa davvero fosse il libero mercato capitalistico, l'incapacità di considerare la proprietà privata come vera garanzia di sviluppo individuale e sociale e, dall'altro, l'esaltazione acritica per tutto ciò che riconducesse al socialismo. A queste condizioni era molto facile, nei salotti illuminati, sulle cattedre universitarie, attraverso i media, scambiare – a distanza – un sogno con ciò che – per chi lo viveva da vicino – era il più terrificante degli incubi.

In quegli anni dominati da una vera egemonia culturale comunista era davvero difficile far capire quanto fosse distante il socialismo mitizzato da quello reale e quanto fosse parimenti distante il Mao del mito da quello della realtà. Infatti, ben più che il "grande timoniere" – come è stato a lungo considerato anche dalle élite culturali progressiste in Occidente – Mao Zedong deve essere ricordato come lo sterminatore con il più vasto e infernale risultato di tutti i tempi. La sua figura spettralmente coincide con la storia e le tappe della Cina comunista: la "lunga marcia" nel 1934, la guerra civile sino alla proclamazione della Repubblica Popolare Cinese nel 1949, le tragiche politiche del "Grande balzo in avanti", a fine anni Cinquanta, e della "Rivoluzione culturale", negli anni Settanta.

I programmi di collettivizzazione economica, gli implacabili progetti di pianificazione di ogni aspetto della vita, condussero alle

grandi carestie, unite alle massicce deportazioni, alle brutali perse-
cuzioni, agli arresti di massa, alle usuali reclusioni negli allucinanti
campi di concentramento (i famigerati Laogai, "lager" in cinese), con
un costo di vite umane spaventoso: qualcosa come non meno di 60
milioni di vittime. La verità è che il comunismo vuole trasformare
gli uomini in topi e, con la sventurata vittoriosa rivoluzione di Mao,
la Cina fu trasformata in una immensa trappola.

Oltretutto, i disastri di Mao non sono piombati sul solo popolo
cinese. Ovviamente ciò non sarebbe stato neanche immaginabile, ma
va considerato con attenzione come l'affermazione del socialismo nel
più grande paese dello sconfinato continente asiatico sia stata anche
immediata causa della diffusione del totalitarismo in tutta l'Asia. È
inevitabile, infatti, che il cancro si espanda e dove arriva distrugge.
Ovunque il comunismo si è impiantato, ha prodotto solo crimini.

Capitalismo di Stato: la nuova super-potenza

A dispetto di come era la Cina all'indomani della morte del "Grande Timoniere", tutti noi oggi consideriamo il grande paese asiatico
come super-potenza economica. Le pianificazioni rivoluzionarie
avevano condotto alle carestie e alla miseria più profonda mentre
oggi il mondo sembra intimorito dall'incontenibile peso economico
che il Dragone orientale può far valere. Un peso economico ancora
più consistente di quello, pur rilevante, relativo alle dimensioni ter-
ritoriali (la Cina è grande quasi quanto l'intero continente europeo,
dagli Urali a Lisbona) e alla popolazione (di tutti gli esseri umani
sulla terra, quasi uno su cinque è cinese dato che intorno alla Grande Muraglia vive quasi il 20% dell'attuale popolazione mondiale).

Senza scomodare gli analisti più lungimiranti ed avveduti, si può
ipotizzare che questa imparagonabile crescita determini un cambio
di leadership mondiale. Se il Novecento è stato a pieno titolo il secolo
americano – beninteso: sotto l'aspetto economico (e tra un istante
meglio preciserò) – il XXI secolo sembra essere destinato a divenire
il tempo in cui prevarrà la trazione cinese. Cosa ha reso possibile
questo lancio nonostante la catastrofica eredità rivoluzionaria? Se
il "Grande balzo in avanti" fu un salto nell'abisso, cosa ha capovolto

la situazione consentendo il ribaltamento a favore di un popolo
stremato da un collettivismo generatore di carestie?

Certo pensiero *chic* sempre in auge ritiene di avere motivi per
indicare il modello cinese – cioè un socialismo evoluto e non più
terroristico – come un esempio vincente di sviluppo e di elevazione
popolare. Questo modello vorrebbe anche rappresentare la fatidi-
ca "terza via" alternativa al comunismo radicale, ma soprattutto al
capitalismo occidentale.

Si tratta, invece, di una grossolana svista. In breve, si potrebbe dire
che la portentosa crescita cinese non ha nulla a che fare con il socialismo in quanto *ha tutto a che fare* con il contrario del socialismo.
Non c'è bisogno di molte parole e, quindi, posso limitarmi a poche
spiegazioni perché questo fenomenale sviluppo (con percentuali di
incremento annuo a volte anche a due cifre) ha, fondamentalmente,
due cause. Innanzitutto il libero mercato e la proprietà privata che
emergono *naturalmente* anche a dispetto dei programmi socialisti
e, in secondo luogo, la forza demografica che consente di godere di
una estesa capacità di divisione del lavoro.

Per un paradosso della storia – ma si è sempre detto che il diavolo
fa le pentole, non i coperchi – dalla fine degli anni Settanta, periodo
che provvidenzialmente coincise con la fine della "Rivoluzione culturale" (la morte di Mao), il nuovo corso rese la comunista Repubblica Popolare Cinese il luogo in cui era più facile creare un'azienda
e scambiare prodotti. Enormemente più facile che non in Occidente
(figuriamoci nell'Italia ingessata da una iper-burocrazia) o in qualsiasi altro paese soffocato dal *Welfare State*. Il paradosso della Cina
è che nel più grande paese in cui sia mai trionfato il socialismo
vi è, di fatto, più libertà economica che non in qualsiasi paese di
quell'Occidente che pur si presenta come capitalistico (Stati Uniti
d'America compresi!). Unicamente questa è la cifra con cui spiegare
il portentoso sviluppo cinese. Principalmente questo è il segreto del
suo miracolo economico. Il paradosso è nel riscontrare più capitalismo nella Cina politicamente socialista di quanto non vi sia nei paesi
che si richiamano formalmente all'economia capitalistica (viceversa
si può dire anche che si deve riscontrare più socialismo nei Paesi
politicamente liberi di quanto ve ne sia in Cina, paese che ancora si

richiama al collettivismo economico).

Non va trascurata la presenza in Asia di aree geografiche autenticamente libere che – grazie, in alcuni casi, alla eredità coloniale o, in altri casi, alla semplice assenza di socialismo – hanno saputo svilupparsi in modo davvero prodigioso con l'unica forza costituita dal meccanismo messo in opera dal libero mercato. Mi riferisco alle cosiddette "tigri asiatiche", vere e proprie potenze economico-finanziarie che si sono affacciate in modo ruggente sulla scena mondiale: Taiwan, Corea del Sud, Singapore e Hong Kong. Essere letteralmente circondata da questi autentici bastioni di libero scambio vincente ha costituito una energica lezione per la Cina che non poteva permettersi di confrontare tanta prosperità capitalistica, alle porte di casa, con tanta miseria comunista, all'interno del Paese.

Se il principale motivo della fortissima crescita del Dragone è l'apertura alla proprietà privata e al libero scambio, l'enorme popolazione costituisce il secondo elemento dell'impennata economica. In contesti assolutistici, una larga base demografica è sempre stata intesa come corrispondente alla potenza militare di cui un sovrano poteva disporre, quasi come una riserva cui arbitrariamente attingere; in contesti pacifici e alla luce di visioni liberali, una popolazione così vasta non può che essere considerata una enorme ricchezza sociale e una possente potenzialità economica.

A differenza del sistema collettivistico che si basa sulla pianificazione, la società liberale si fonda sulla cooperazione sociale e sulla divisione del lavoro. Infatti, se ciò che secondo il dettato comunista o è un mero problema derivante dal sovrannumero di bocche da sfamare o è un cinico deterrente militare dispiegabile come impressionante massa d'urto, secondo la concezione liberale una vasta popolazione è, invece, una impareggiabile risorsa. Una società è da considerarsi tanto più lanciata verso il miglioramento della vita di tutti quanto più è ricca di interazioni e scambi produttivi e commerciali. È ciò che nel linguaggio delle scienze sociali si chiama divisione del lavoro e cooperazione sociale. E gli effetti della divisione del lavoro e della cooperazione sociale sono tanto più benefici quanto maggiore è il numero dei soggetti che partecipano.

Tra gli errori della teoria comunista vi è stato (ed ancora vi è, considerando l'ambientalismo come una forma più "educata" di rivoluzione anti-capitalista) l'inganno di pensare che la prosperità possa essere garantita solo ad un numero limitato di persone perché la ricchezza non potrebbe essere accresciuta, ma solo suddivisa. Si tratta di un errore economico fondamentale dalle conseguenze veramente drammatiche (al pari della sbagliata teoria di Marx sul valore-lavoro). Da questo *errore* non era lontano l'*orrore* di sopprimere le neonate e di applicare la politica del figlio unico. Due "rimedi" socialisti a ciò che la pianificazione collettivista ha considerato un grave problema e che, al contrario, la naturale socialità dell'uomo riconosce come una necessaria condizione per il miglioramento di tutti. Un aspetto non trascurabile per comprendere quanto innaturale sia il comunismo (e quanto naturale sia il sistema di libera pratica del lavoro e dello scambio).

Ciò che il comunismo di Mao ha combattuto con infanticidi di massa e violenze indiscriminate, con imposizioni legali e con minacce poliziesche si è dimostrato l'elemento che ha dato propulsione allo sviluppo economico cinese. È una sorta di nemesi: l'ideologia che fa violenza alla realtà non può, alla lunga, prevalere venendo smascherata nella sua carica menzognera proprio per opera della stessa realtà naturale che aveva invano cercato in tutti i modi di manipolare ed alterare.

Se, quindi, l'apertura al libero mercato, con l'abbandono della rigida pianificazione e l'accettazione del principio della proprietà privata, con il superamento dell'angosciante collettivizzazione rappresentano le condizioni per lo sviluppo, l'abbondanza demografica ha fornito a questo sviluppo un'accelerazione davvero singolare.

Se, nella storia, la crescita demografica è sempre stata correlata all'incremento dello sviluppo delle civiltà, la denatalità ha sempre accompagnato i grandi momenti bui dell'umanità. E, infatti, il falso mito della sovrappopolazione ha notevolmente contribuito al tramonto della nostra civiltà occidentale tanto da poter interpretare la crisi complessiva come una crisi di paternità e maternità, di vita e di "culle". Il crollo delle nascite è un segnale tenebroso che suona come una gravissima minaccia sul futuro e come un suicidio a base demografica.

Il declino dell'Occidente sembra, allora, presagire un nuovo primato. Considerando il vigore dello sviluppo del Paese che fu il Celeste impero, questo nostro secolo è già da considerarsi il secolo cinese. Si tratta, però, di una egemonia ambivalente. La nuova super-potenza si contrapporrà a quella americana ancora per anni, ma, avendo dalla sua tutte le potenzialità per affermarsi, potrà presto prevalere sugli Stati Uniti. L'America è malata di una cultura auto-lesionista ed anti-americana e la presidenza Trump ha rappresentato (l'ultimo?) grande baluardo contro questa tendenza suicidaL'idea del secolo cinese subentrato a quello americano è un'idea ambivalente.

Lo è perché, da un lato, la Cina potrebbe trasformarsi nella locomotiva dello sviluppo mondiale salvando un dinamismo che è in recessione in Occidente a causa delle politiche, fondamentalmente stataliste, di quest'ultimo. In questo caso, i valori di libertà individuale rinnegati in un Occidente sempre più statalista verrebbero, paradossalmente, salvaguardati in quel grande Paese se questo saprà liberarsi dalla struttura comunista. Non sarebbe la prima volta nella storia che, provvidenzialmente, la civiltà venga salvata proprio dagli eredi di chi prima costituiva il maggiore pericolo per essa. Prima menzionavo il fenomenale sviluppo delle "tigri asiatiche"; è questo il caso, a fronte di un'economia occidentale resa stagnante dal dirigismo e dalla burocrazia, in cui il capitalismo sopravvive fruttuosamente e si radica generando prosperità in aree che nel recente passato erano gravate da culture tutt'altro che favorevoli alla libera impresa.

Se questo scenario è auspicabile e, secondo me, addirittura immaginabile e prevedibile (anche per quanto più avanti dirò), al momento e in attesa del superamento del comunismo – d'altro lato – il secolo cinese si è realizzato nel nome di un'aggressività imperialistica sebbene con una forza resa possibile dal vigore mercantile. Questa propulsione commerciale non è certo eredità della Rivoluzione di Mao, ma si è affermata nonostante la struttura della Repubblica Popolare ed unicamente per lo spazio, in quella struttura, concesso all'economia d'impresa. Ma da questa energia imprenditoriale occorre distinguere le mire imperialistiche. Per quanto le seconde siano rese possibili dalle prime, esse non coincidono.

La Rivoluzione si è potuta avvalere delle virtuosità del libero mercato per recuperare (e rapidamente) il ritardo inflitto (e duramente) dal socialismo; grazie a ciò la potente macchina industriale e commerciale è stata cavalcata per perseguire una ideocratica conquista economica del mondo senza che il miglioramento sociale – unicamente dovuto al poderoso sviluppo – ancora sia riuscito a sciogliere le tiranniche strutture comuniste.

Da qui l'ambivalenza ancora perdurante (ma, molto probabilmente secondo me, destinata a risolversi presto positivamente) che mette insieme i grandi vantaggi caratteristici dell'apertura al libero scambio e dell'accesso alla proprietà privata e gli enormi disastri propri del sistema socialista.

Questi enormi mali non sono affatto scomparsi e si sono protratti in parallelo ai menzionati grandi benefici. Tale contraddizione – ritengo – è ora sul punto di scoppiare mettendo definitivamente fine alle piroette della gerontocrazia del Politburo, ma ha prodotto e continua a produrre crimini, sofferenze e repressioni.

Il contrasto tra lo scintillio tecnologico e i crimini politici non poteva non risaltare in occasione di un grande evento che venne ospitato a Pechino nell'estate del 2008: i giochi olimpici. Fu quella una grande finestra che il mondo ebbe per poter ammirare gli straordinari progressi compiuti dalla Cina. E il governo senz'altro riuscì a raggiungere questo risultato. Ma per garantire una vetrina che il mondo intero doveva solo ammirare e di cui restare stupito elogiando il "modello Cina" bisognava evitare ogni possibile "incidente". Ed il governo riuscì anche in questo intento al prezzo di chiudere la bocca (e i computer) ad ogni forma di possibile dissidenza mediante una censura e un controllo governativo sempre più stringenti e soffocanti.

Il virus comunista

In questo quadro politico interno generale, sul finire del 2019 in una grande città della Cina appaiono dei casi di polmonite anomala.

Già all'inizio della seconda metà di dicembre (ma il primo caso potrebbe risalire all'inizio del mese), gli ospedali della zona presero in cura i primi pazienti affetti da misteriose polmoniti; i medici allarmati per le condizioni dei malati avevano formulato una diagnosi parlando di "SARS Coronavirus". Nel giro di pochissimi giorni i casi si moltiplicarono e fu indicato il mercato ittico quale possibile focolaio iniziale. Presto i medici arrivarono ad avere le prove che confermavano la presenza della SARS e la notizia circolò rapidamente nelle chat dei sanitari. Tra questi, però, un oculista dello stesso ospedale centrale di Wuhan, Li Wenliang di 33 anni, si "permise" di darne notizia su Internet nel pomeriggio del 30 dicembre. Il dottor Li avvertiva i colleghi medici del pericolo del contagio invitandoli ad assumere le necessarie precauzioni. Il 3 gennaio, l'oculista venne convocato e interrogato dalla polizia circa le informazioni che aveva diffuso in rete. La polizia cinese deve godere di un minuziosissimo controllo di tutte le comunicazioni se in soli tre giorni è stata capace di indagare su un messaggio che, tra l'altro, non aveva alcun carattere politico ma solo sanitario. Nonostante Li Wenliang fosse membro del Partito Comunista (pare, però, che frequentasse chat di gruppi cristiani protestanti), gli venne notificato un ammonimento per «aver diffuso false informazioni su internet». Pare che per evitare conseguenze, Li abbia dovuto firmare un documento in cui ritrattava le sue comunicazioni *on line*.

Si deve concludere che le autorità erano in possesso dei risultati delle analisi di laboratorio già a fine dicembre (quando i test confermarono che si trattava di un virus della famiglia della SARS) e già nei primissimi giorni di gennaio si comprese che ci si trovava dinanzi ad un virus sconosciuto trasmesso attraverso la respirazione. La conclusione sembra dover essere quella espressa da queste parole: «dal 27 dicembre all'11 gennaio, sia la popolazione cinese che la comunità internazionale sono state tenute all'oscuro dal governo di Pechino dell'esistenza, delle caratteristiche e del pericolo di diffusione del nuovo coronavirus.

È lungo l'elenco delle persone che stanno pagando la loro opposizione al regime. «Il voluto occultamento delle informazioni sul coronavirus, addirittura la repressione di chi voleva denunciare l'epidemia, hanno contribuito in maniera schiacciante alla diffusione della pandemia globale. È come se il regime cinese avesse voluto che l'epidemia si diffondesse fino a diventare una pandemia. E questi sono crimini contro l'umanità» (www.rightsreporter.org).

Ritengo, quindi, che le responsabilità del regime in qualche modo riconosciute dalla stessa dirigenza rappresentino uno scacco mortale per il comunismo cinese; una sorta di fessura della diga, un'incrinatura che determinerà la rovina della tenuta complessiva.

Da parte delle autorità di Pechino, il riconoscimento della gravità dell'epidemia ha coinciso con il tentativo spinto a dimostrare una diversa origine geografica del virus. E pare che il tentativo abbia avuto qualche sostegno dall'Organizzazione Mondiale della Sanità (OMS). L'arma propagandistica è dura a scomparire.

OMS eterodiretta

Un altro importante capitolo dell'intera vicenda, rilevante soprattutto nella sua dimensione ideologica, è costituto dal ruolo dell'Organizzazione Mondiale della Sanità. Va subito detto che, come ogni mastodontica e iper-burocratica istituzione in cui si articola il pachiderma dell'ONU, anche l'OMS (sigla ufficiale: WHO da World Health Organization) incarna le stesse contraddizioni, assurdità, incongruenze e riflette i medesimi controsensi che sono propri dell'Organizzazione delle Nazioni Unite.

Il carattere ideologico dell'Istituto – che, sin dalla sua fondazione (1946/1948), ha sede a Ginevra – appare già dalla sua carta di istituzione in cui si precisa che «l'obiettivo dell'OMS è il raggiungimento da parte di tutte le popolazioni del livello più alto possibile di salute», definita «come stato di completo benessere fisico, mentale e sociale, e non soltanto come assenza di malattia o di infermità»; oltretutto – aggiunge il documento – «il possesso del migliore stato di sanità possibile costituisce un diritto fondamentale di ogni essere umano, senza distinzione di razza, di religione, d'opinioni politiche, di condizione economica o sociale». La prima affermazione rivela un progetto che è fondamentalmente centralizzato e politico nel quale la salute viene intesa come una concessione dall'alto, per via di accordi globali e di finanziamenti internazionali. Ma non è questo il modo con cui gli esseri umani hanno dovuto duramente procedere per combattere le malattie scoprendone i segreti e debellandone gli effetti: la lunga strada di arricchimento delle conoscenze e di lento miglioramento delle condizioni parte sempre dal basso, dagli individui ed è resa possibile unicamente dal lavoro personale. La seconda affermazione svela una concezione utopica dell'umanità che non è mai in uno stato di perfezione, ma in una costante instabilità e in un difficile equilibrio. La salute che l'uomo a volte sperimenta e di cui più spesso è carente non è uno «stato di completo benessere fisico, mentale e sociale», ma, ben più limitatamente, quella mera «assenza di malattia o di infermità» squalificata dalle premesse filosofiche dell'OMS. La salute è un realistico "concetto negativo" (quando la malattia *non c'è*) e non un ideologico "concetto positivo" (per il «completo benessere fisico, mentale e sociale» *che dovrebbe esserci*). La terza affermazione, infine, manifesta una concezione dei diritti tipica delle moderne rivendicazioni che comporta tutti i limiti di ciò che, più che essere riconosciuto perché inscritto nella natura dell'essere uomo, deve essere concesso dall'autorità politica: se la salute è un "diritto", su chi deve gravare il dovere di assicurarlo sempre e comunque?

La compiacenza dell'OMS nei confronti della Cina fu sospetta sin dai primi momenti. Se ancora quasi a metà gennaio il governo cinese ripeteva che non vi erano prove sicure che accertavano la trasmissione del virus da persona a persona, l'OMS si limitava a ripetere quanto affermato dai comunicati cinesi («le indagini preliminari condotte dalle autorità cinesi non hanno evidenziato prove certe della trasmissione da uomo a uomo del nuovo coronavirus (2019-nCoV) identificato a Wuhan, in Cina» e «è evidente in questo momento che non abbiamo una trasmissione sostenuta da uomo a uomo»). Negli uffici di Ginevra nulla veniva dichiarato riguardo alla censura che il regime di Pechino aveva imposto ai medici di Wuhan la cui vicenda iniziava a trapelare in Occidente.

Cina e OMS sono stati anche strettamente sodali nel contrapporsi alle critiche che iniziarono a giungere dagli Stati Uniti. Anzi, nei confronti degli USA di Trump partì una sorta di campagna di risposta alle presunte diffamazioni che arrivavano dalla Casa Bianca.

Il colpo di coda del dragone comunista

Ho poc'anzi sostenuto che le responsabilità del regime in qualche modo riconosciute dalla stessa dirigenza rappresentano uno scacco mortale per il comunismo cinese; una sorta di fessura della diga, un'incrinatura che determinerà la rovina della tenuta complessiva. È questa la mia opinione e la previsione che soggiace a queste considerazioni. Ciò, però, non solo non esclude temporanei irrigidimenti e momentanei inasprimenti della carica repressiva e totalitaria qual è quella manifestata, ad esempio, nei confronti del Tibet, di Taiwan e di Hong Kong, ma, anzi, questi fenomeni debbono essere *a fortiori* previsti in qualità di manifestazione di una reale agonia.

Ritengo, quindi, che le repressioni e le violenze comuniste rappresentino un segnale di scricchiolamento, una prova di debolezza, il tentativo disperato di non lasciarsi sopraffare da un cambiamento oramai inevitabile piuttosto che una dimostrazione di vigore e di vitalità; non una dimostrazione di salute, ma il sintomo della morte vicina; non un fiero colpo di schiena, ma un estremo colpo di coda (la cui durata, però, non è prevedibile).

Per provare a comprendere quale sia la prospettiva cinese, occorre avere dinanzi almeno quattro questioni – questioni che solo approssimativamente possiamo considerare di politica interna – che rivelano il grado di comunismo ancora presente nell'apparato cinese. Ci riferiamo al Tibet, a Taiwan, ad Hong Kong, alla Chiesa.

Occorre capire come agirà il potere cinese in questo momento particolarmente delicato. Se l'epidemia, in primo momento, ha fatto sorgere sentimenti di apprezzamento e di solidarietà – di apprezzamento per le misure sanitarie intraprese e di solidarietà verso la nazione messa alla prova – la successiva fase, segnata da ben differente consapevolezza, ha mostrato sentimenti di tutt'altro tenore nei confronti del governo cinese.

Rapporti con la Chiesa

Dopo la vittoria di Mao, la Repubblica Popolare Cinese ruppe i rapporti diplomatici con la Santa Sede espellendo il nunzio apostolico (l'ambasciatore del Papa) e questi dovette trasferire la rappresentanza diplomatica a Taipei. La Santa Sede, da allora, è uno degli Stati (ora ridotti a pochi) che riconoscono la Repubblica di Cina di Taiwan e non il governo di Pechino. Più recentemente sono state avviate trattative riservate allo scopo di risanare lo scisma generato dai provvedimenti del regime con cui si è creata una Chiesa governativa (la "Chiesa patriottica") parallela e alternativa alla Chiesa in comunione con il Papa (la Chiesa sotterranea e clandestina).

Da ciò che è emerso, Benedetto XVI non aveva accettato il testo dell'accordo proposto da Pechino per non sottomettersi alle lesive pretese da parte comunista che avrebbero comportato una statalizzazione del cattolicesimo cinese con il conseguente misconoscimento del sacrificio di chissà quanti martiri. Ma con il pontificato di Francesco vi è stato un ribaltamento dei principi, un capovolgimento teso a raggiungere comunque un accordo. Un anticipo di ciò venne espresso dalle parole del Papa che, a fine 2017, durante il viaggio di ritorno dal Myanmar e dal Bangladesh, rispondendo in aereo ai giornalisti nella consueta conferenza stampa, dichiarò [il testo è sgrammaticato, *ndr*]: «c'è il dialogo politico, soprattutto per la Chiesa cinese, con quella storia della Chiesa patriottica e della Chiesa clandestina, che si deve andare passo passo, con delicatezza, come si sta facendo».

Si giunse, così, ad un accordo – "provvisorio" e "segreto" – scarnamente comunicato alla stampa a settembre 2018. L'accordo era esplicitamente dichiarato "provvisorio" senza, comunque, indicare né durata né scadenza ed era da considerarsi "segreto" perché il contenuto rimaneva nascosto a fronte della comunicazione ufficiale secondo la quale era stato firmato «un accordo provvisorio sulla nomina dei Vescovi». Cosa avrebbero dovuto pensare i cattolici cinesi dei loro pastori con il sospetto (o con la quasi certezza) che si diventa vescovi se si è graditi al potere comunista che, per decenni, ha massacrato i cristiani? E i vescovi legittimi (quelli che hanno perseverato nella comunione con Roma) come avrebbero dovuto interpretare ciò che sarebbe successo senza avere alcuna indicazione circa la liceità delle ordinazioni episcopali? In assenza di un testo noto e ufficiale anche il governo avrebbe potuto affermare o negare a proprio piacimento qualsiasi cosa imponendola ai fedeli in nome dell'accordo.

Ma che si trattasse di una resa al governo comunista era confermato da un contestuale altro comunicato in cui la Santa Sede annunciava che papa Francesco aveva revocato la scomunica ad otto vescovi – alcuni di nota immoralità – sanzionati nel passato a causa della illegittima nomina governativa.

Questo carattere arrendevole e remissivo dinanzi al comunismo cinese rappresenta un rinnegamento della *libertas Ecclesiae* e una minaccia alla fede cattolica. L'accordo, infatti, sembra comportare l'accettazione, da parte della Chiesa, della nomina governativa dei pastori lasciando al Papa un fragile diritto di veto ove i candidati risultassero particolarmente sgraditi.

La Santa Sede ha offerto un largo credito al regime comunista dando prova di un'estesa ingenuità diplomatica, di un'incapacità a valutare i contesti geopolitici e di una notevole imprevidenza nel considerare gli effetti delle proprie scelte.

Rispetto alla linea ufficiale della Santa Sede, compiacente e arrendevole, si sono distinti in pochi e tra questi, come abbiamo già visto, il vescovo emerito di Hong Kong, cardinale Joseph Zen Zekiun, e il cardinale birmano Charles Maung Bo che continuano ad elevare forte la loro voce.

Dopo aver assistito al crollo della più grande potenza ideologica della storia – l'Unione Sovietica – ora potremmo trovarci alla vigilia della caduta dell'ultimo bastione del comunismo. Ai cristiani, in questo tempo così sprovveduti e così assetati di modernità, basterebbe meditare sul salmo biblico: «gli anni della nostra vita sono settanta, ottanta per i più robusti» (*Salmo* 90,10). In contesto analogo, uno scrittore di successo qual è Vittorio Messori annotava: «forse, almeno [...nella] prospettiva del credente che va ben al di là della superficie, c'è una sorta di "segno" in quell'esigua durata». Le realizzazioni anche dell'ideologia più orgogliosa e più armata di ogni tempo debbono essere sapientemente accomunate alla caducità dell'essere umano. Il convertito Messori, poi, proseguiva citando un nume tutelare della cultura politica italiana, Norberto Bobbio, che, rifacendosi allo sfacelo mondiale dell'ideologia di cui il partito comunista italiano era una componente tra le più prestigiose, in un'intervista aveva detto: «questo tracollo interno (non provocato da guerre, controrivoluzioni o violenze) della più grande utopia terrena mai concepita da quando esiste l'uomo; questo fallimento di un tentativo grandioso (il primo in assoluto) di realizzare il regno della giustizia sulla Terra; insomma, la confutazione di una fede nella quale hanno creduto centinaia di milioni di persone... Beh, sono cose che l'umanità non dimenticherà mai più. È stata una lezione che non si aspettavano neanche gli anticomunisti».

Vittorio Messori merita un particolare omaggio e apprezzamento: il suo giudizio storico si è confermato adeguato per quanto abbia patito l'isolamento in cui inevitabilmente lo ha relegato l'intellighenzia cattolica, quell'intellighenzia costituita anche da molti teologi e pastori che, con l'illusione di apparire più "credibili", hanno "dialogato" talmente con le ideologie moderne da abbracciarne acriticamente i postulati, continuando a credervi al punto tale da non rendersi neanche conto dello stato di agonia in cui versavano quelle ideologie.

Il comunismo cinese non sopravvivrà al coronavirus

È fondamentale capire qual è la percezione della classe dirigente comunista che la spinge ad intervenire in modo duro. Sono due le possibili strade – alternative – e queste sono la resistenza ad oltranza o la riforma nella speranza di poter far sopravvivere almeno qualche elemento del socialismo. Per i quadri comunisti si ripresenta il bivio che ebbero dinanzi nella primavera del 1989 quando poi, tragicamente, si scelse di sopprimere nel sangue le dimostrazioni antigovernative di piazza Tienanmen. Oggi, a distanza di oltre trent'anni, molte cose sono cambiate. Ciò che, però, non cambia è la natura del comunismo che era e sarà irriformabile: se lo si vuole "umanizzare", lo si pone in concorrenza con alternative che tutti, ovviamente, preferiranno mentre l'unico modo per evitare l'abbandono del comunismo è, semplicemente, imporlo. Perciò il socialismo è inemendabile: la sua natura lo rende irredimibile. Quando lo si vuole addolcire, muore.

È questa la ragione per cui il comunismo vince fin quando può esercitare la violenza, ma si estingue quando vuole mitigarsi. Si direbbe che esso non viene sconfitto dalla forza esterna (contro cui sembra invincibile), ma è destinato a implodere: «il comunismo muore di comunismo» (Enzo Bettiza).

Penso che in Cina, la dirigenza possa esercitare ancora per poco la brutalità. Penso che l'assenza di tolleranza che stiamo sperimentando (Hong Kong, Taiwan, ecc.) costituisca l'anticamera della fine del regime. Le attuali prove di aggressività e di durezza rappresentano non dimostrazione di solidità e di monoliticità, come è avvenuto nel passato anche recente, ma solo la debolezza che spinge a gesti disperati di difesa e di resistenza.

La circostanza finale è data dall'epidemia di coronavirus che ha contribuito ed ancor più contribuirà a svelare le contraddizioni del comunismo che persiste in Asia.

Due foto a confronto

A differenza della prima, la seconda immagine non ha avuto diffusione, non è divenuta famosa, non si è trasformata in icona della storia. La prima verrebbe riconosciuta da chiunque, la seconda potrebbe essere identificata solo da pochi esperti di politica internazionale o dalla minoranza di coloro che sono attenti alle notizie che provengono dall'estero.

Eppure tra le due foto vi è un abisso di significato e di peso con il piatto della bilancia che pende tutto dal lato dell'immagine che proviene da Hong Kong. Il sentimento ha dato un successo mediatico planetario alla foto di Minneapolis, ma l'analisi ragionata sposta attenzione e concentrazione su quella che proviene dal contesto cinese. La prima ha stimolato l'ideologia facendo guardare indietro alle penose stagioni delle lotte per la cosiddetta giustizia sociale; la seconda ci sprona all'analisi per interpretare con saggezza ed acume le tensioni da cui nascono svolte epocali.

Quanto alla differenza valoriale ed etica tra le due gravi scene, occorre, poi, dire che non risulta che il poliziotto di Minneapolis abbia intenzionalmente ucciso Floyd; chi però ha utilizzato il cadavere

Minneapolis (25 maggio 2020)	Hong Kong (1° ottobre 2019)
monolateral.com/gf	monolateral.com/hk
Nella foto di Minneapolis si vede un agente della polizia della città (di cui si è subito conosciuta l'identità insieme a quella dei colleghi della pattuglia) che, accanto all'auto di servizio, immobilizza Floyd con la tecnica del ginocchio sul collo del fermato. La vittima era particolarmente vigorosa (alto 1,92 con un passato da atleta professionista) e quindi difficile da tenere a bada ed era considerata pericolosa per i suoi precedenti penali (in particolare per rapina a mano armata).	Nella foto di Hong Kong si notano due agenti della polizia filo-cinese (o cinese) con equipaggiamento anti-sommossa (con armatura, casco, scudo, manganello) ed irriconoscibili (a causa della tenuta) che, con le ginocchia rafforzate dalla armatura, premono sul collo di un giovane ormai immobilizzato, schiacciato sul selciato della strada, con la testa sullo spigolo del marciapiede, con gli occhiali premuti sul volto e con bocca aperta nel tentativo di respirare.
L'immagine è divenuta simbolo universale dell'oppressione che gli uomini bianchi riserverebbero a quelli di altre razze.	La vittima si è resa colpevole di aver manifestato per la libertà. L'immagine è stata ignorata nonostante sia simbolo di un potere reiteratamente tirannico ed oppressivo.

dell'uomo per appiccare l'incendio e scatenare la lotta è come se avesse deliberatamente ammazzato Floyd. Ed è perciò ben più colpevole perché se Floyd è morto per un drammatico incidente, ben più grave è renderlo volutamente schiavo di un progetto ideologico.

La Cina non poteva sperare in nulla di meglio. I disordini in USA hanno avuto la capacità di distrarre il mondo dalla violenza comunista che si abbatteva su dissidenti e manifestanti. La dirigenza di Pechino non si è lasciata sfuggire la favorevolissima occasione di indicare il razzismo come una persistente colpa interna degli Stati Uniti la cui amministrazione reprimeva con brutalità le richieste della propria popolazione. In questo modo, la Cina, abilmente, è riuscita a trasferire verso gli USA capitalisti le accuse che stavano montando da tante parti del mondo, proprio in quelle settimane, verso il regime comunista. La Cina ha goduto di un insperato e formidabile aiuto mediatico dato che tutte le attenzioni televisive si erano ormai rivolte a ciò che stava succedendo in America offrendo degli States un'immagine offuscata sia dal trattamento che si riteneva essere ancora riservato alla popolazione nera sia dagli incontrollabili disordini che effettivamente si stavano estendendo da città a città.

Perché le repressioni comuniste non hanno avuto nel mondo reazioni paragonabili a quelle per la morte di Floyd? Eppure la Cina comunista ha eliminato (e continua a far scomparire) un numero enorme di persone sgradite. Quando poi "posto" una statistica che dimostra che negli USA il numero dei neri uccisi dalla polizia costituisce un dato non razzialmente significativo, prontamente Facebook mi censura il "post" dichiarandolo *fake news*. Metodi cinesi nel *social* che, per antonomasia, è il più frivolo, quello in cui ciascuno può dire ogni tipo di banalità? Intanto non vengono affatto oscurate le invettive – anche le più violente – contro il "suprematista" Trump o il "fascista" Salvini o il "sovranista" Orban o il "negazionista" Johnson o il "razzista" Feltri.

Non mi risulta esservi stato un diffuso senso critico quando l'episodio (triste) di Minneapolis fece gridare al planetario pericolo razzista. Ma quando "postai" l'immagine del giovane di Hong Kong bloccato a terra dal ginocchio del suo persecutore, allora, prontamente, un lettore di Facebook mi chiese prova che la foto fosse autentica. Dovetti, perciò, fornire la dimostrazione che non si fosse trattato di un trucco da parte di una rinata Spectre – magari nella forma di un'improbabile Internazionale Capitalista tesa al sovvertimento planetario delle menti libere e progressiste – e "postai" l'intero video dell'accaduto perché venisse confermata la veridicità della foto.

4

Chiudete le porte a Cristo. Considerazioni teologiche

«A peste, fame et bello, libera nos Domine!»

APPARE STRANAMENTE PARADOSSALE il fatto che la Chiesa che si è considerata "in uscita", tutta protesa verso indefinite "periferie", che ha preferito definirsi "ospedale da campo", ebbene proprio la Chiesa che si voleva riformata – e non semplicemente rinnovata – perché finalmente priva degli ostacoli che proverrebbero dagli "arroccamenti dottrinali" si sia chiusa – e mai la metafora fu più calzante – non potendo accogliere e, soprattutto, non sapendo offrire altra parola che la ripetizione delle raccomandazioni per le precauzioni sanitarie. Così che la tanto agognata "Chiesa in uscita", all'esame dei fatti, è apparsa come una "Chiesa in chiusura" per l'incapacità ad esprimere una fede ragionevole e significativa per le domande e le paure dell'uomo.

La Chiesa che si vuole moderna e che ha come sua principale apprensi`one l'"aggiornamento" trova imbarazzante anche il solo ricordo di generazioni di fedeli che, guidati da sacerdoti e vescovi, nei momenti di dolore hanno implorato il ritorno ai sacramenti dei non-praticanti, hanno celebrato con devozione, hanno fatto penitenza, hanno pregato pubblicamente, hanno svolto processioni riparatrici. Hanno, cioè, messo in legame ciò che succedeva con l'urgenza ad offrire se stessi perché si compisse la volontà di Dio e le prove che si vivevano, anziché allontanare dal Signore, venivano vissute per capire che la caducità della vita terrena inesorabilmente rinvia ad un destino trascendente.

Nel vangelo secondo Luca è riportato come Cristo, muovendo dalla profezia della rovina di Gerusalemme, parli di segni premonitori. «Guardate di non lasciarvi ingannare [...], non vi terrorizzate», disse Gesù ai discepoli (*Lc* 21,8.10). Poi proseguì anticipando drammaticamente ciò che la storia non avrebbe risparmiato: «si solleverà popolo contro popolo e regno contro regno, e vi saranno di luogo in luogo terremoti, carestie e pestilenze; vi saranno anche fatti terrificanti e segni grandi dal cielo» (*Lc* 21,10-11). Il Maestro, poi, concluse con un'esortazione carica di confortante ristoro: «con la vostra perseveranza salverete le vostre anime» (*Lc* 21,19).

Dinanzi ai grandi pericoli sempre incombenti, generazioni di battezzati hanno rigettato l'irrazionale (e disumana) arroganza di chi pensa di poter fare a meno di Dio e hanno espresso la consapevolezza di essere sempre dinanzi a lui e, alzando le mani al cielo e piegando le ginocchia sulla nuda terra, lo hanno invocato implorandolo di liberare l'umanità dai suoi tristi e ricorrenti flagelli. «*A peste, fame et bello, libera nos Domine! A flagello terrae motus, libera nos, Domine! Te rogamus. Audi nos, Domine!*». Come non bastano tutti i pur doverosi accorgimenti per riuscire ad evitare sempre guerre e carestie, così non bastano le migliori strutture sanitarie per scongiurare malattie ed epidemie. Avere consapevolezza di essere costitutivamente in una condizione di fragilità non è segno di debolezza ma, al contrario, di sapienza e virilità. L'insipiente è ripiegato su di sé, il saggio e il forte guardano sino al cielo e pregano: «liberaci, o Signore, dal flagello dell'epidemia, della carestia e della guerra!».

A stroncare l'assai improbabile tentazione di pensare alla pandemia come un castigo di Dio sono intervenuti prontamente i teologi più "maturi", quelli che arrivano a separare le questioni materiali da quelle teologiche, quelli che, evitando ogni contaminazione di queste (la questioni teologiche) con quelle (le questioni materiali), cooperano a realizzare un mondo senza alcun richiamo a Dio. Secondo questi teologi, allergici ad ogni ritorno di carnalità cattolica, ogni riferimento a Dio in questioni temporali comporta solo rischi, fraintendimenti, scivolamenti. Probabilmente è vero. Tuttavia il pericolo del fanatismo viene non assecondato ma scongiurato ancorando il tempo della storia alla fede in Cristo, Dio incarnato, veramente Dio e autenticamente uomo. L'Incarnazione rappresenta la risposta sia al mondo agnostico e ateo senza Dio, sia al mondo feticista e idolatra in cui, in senso panteistico, Dio è totalmente immanente.

Perciò la questione del "castigo di Dio" non deve essere liquidata con una frettolosa sicurezza (o teologica saccenteria). Intanto perché nella testimonianza biblica vi sono troppe cose che richiedono di essere spiegate, poi perché nel lungo cammino della comunità cristiana non è certo stata marginale la dimensione popolare e devozionale. Neanche ci si deve lasciar andare al fervore e ritenere che ogni sciagura sia riconducibile ad una volontà punitiva perché se davvero Dio volesse castigare l'umanità secondo quanto meritano le azioni degli uomini, allora il *Dies irae* o dovrebbe essere devastante o dovrebbe ripetersi continuamente.

Ma il mondo non è agitato solo dalle conseguenze di scelte ascrivibili alla più o meno libera azione morale degli uomini. La storia è anche scossa, a volte in modo davvero turbinoso, da cause che non hanno origine morale e non hanno alcuna relazione con azioni o scelte umane.

Perciò, senza gli automatismi fatalistici di chi vuol attribuire ogni evento ad un disegno precostituito, la fede cristiana è la vera demistificatrice del mondo; questo, proprio perché si riconosce essere creato, non si confonde con la sua causa prima creatrice. Ecco perché la serena consapevolezza propria del cristiano in relazione agli eventi di questo mondo, anche i più dolorosi, gode di due certezze. Da un lato, non esclude affatto l'implorazione a Dio per essere liberati dai mali di qualsiasi genere. Anzi, esattamente questa preghiera sta a dimostrare come anche la vita corporale è in relazione strettissima al destino eterno. D'altro lato, vi è la consapevolezza che questa realtà materiale è stata veramente visitata da Dio che, con la sua Incarnazione, l'ha strappata dal non-senso e le ha dato un significato intramontabile. Tale consapevolezza – la fede cristiana – comporta il riconoscimento della serietà di questa realtà materiale con i suoi dinamismi (mangiare, lavorare, sposarsi, mettere al mondo figli), con le sue vicissitudini, con le sofferenze, le malattie e, soprattutto, la morte, la morte che caratterizza irrimediabilmente e in profondità tale realtà.

Per quanto l'onnipotenza di Dio sia costantemente invocata per fermare le leggi naturali, occorrerebbe ritenere che siano esattamente queste a dimostrare la sapienza divina che regge l'universo. Anche questa affermazione ci divide dall'islamismo che ritiene ogni dato naturale immutabile non giustificabile dinanzi all'assoluta sovranità divina non legata ad alcuna necessità.

Invece, lungi dal costituire un'obiezione, le leggi naturali richiamano qualcosa – o meglio Qualcuno – che è all'origine di ogni aspetto della realtà. La migliore saggezza scientifica giunge inesorabilmente a chinarsi dinanzi all'ineluttabilità dei dinamismi sempre oggettivi ed immutabili, tanto nel microcosmo quanto nel macrocosmo. All'uomo il compito di decifrare il gran libro della vita, per scoprirne i segreti e per migliorare la propria esistenza terrena e più quest'opera, comunque inesausta, di investigazione e di scoperta procede, più i dinamismi naturali si rendono intelligibili quasi a formare un mirabile mosaico in cui, non solo non emerge alcuna contraddizione, ma appare sempre più chiaro un meraviglioso ordine naturale.

Se è proprio del naturismo escludere la sussistenza di una "causa prima", è atteggiamento tipico di certo comune fideismo ridimensionare le cause seconde. Se è giusto riferire tutto a Dio come causa prima, non è, però, corretto collegare direttamente a lui ogni avversità misconoscendo gli effetti che sono propri delle leggi naturali. Questi effetti devono essere vissuti – e anche patiti – in lui, con quel vincolo di comunione che è proprio della vita di fede. Ma sarebbe superstizione piegare Dio a fare da controllore del grande traffico degli effetti tipici dell'ordine naturale.

Credo che non sia un buon servizio all'evangelizzazione e al cammino cristiano di chiunque ritenere che Dio debba intervenire continuamente nelle leggi naturali. Come il cristianesimo non ha nulla in comune con il fatalismo, così la fede non va confusa con il fideismo. Torno a dire: la fede cristiana non è il modo per aggirare le leggi naturali quasi come se si trattasse di un talismano. Quando ci troviamo dinanzi ad una mentalità che è spinta a ritenere che la fede sia tanto più forte quanto più mette in sospensione le leggi naturali, allora ci troviamo dinanzi qualcosa che ancora non si è imbattuta nella passione patita da Cristo.

Per poter dire una parola vera sulla malattia, e sull'epidemia in particolare, occorre anche sfiorare lo "scandalo del male" così abbondantemente presente nel mondo. È lo sbigottimento che assale ogni uomo che si pone dinanzi all'immane dolore che è nel mondo: come può Dio permettere tutto ciò? La fede nel Dio incarnato è l'unica strada per non bestemmiare dinanzi alla sofferenza, alla malattia, alla morte. «Solo il Dio che si sarebbe manifestato in Gesù [...], non è toccato dalla bestemmia dell'uomo per la marea di dolore che sale sin spesso a soffocarlo. "Non vi è altra risposta al problema del male che la croce di Gesù, sulla quale Dio ha subìto il male supremo"» (Vittorio Messori).

Una Chiesa subalterna allo Stato

Come tante realtà, anche la Chiesa esce male dall'emergenza sanitaria. Mi riferisco principalmente alla Chiesa Cattolica, quella che ha più autorevolezza e che, per il suo ruolo, maggiormente patisce il danno di credibilità per la reputazione delle sue guide. Se, infatti, è vero che – come scriveva Pascal – il primo principio morale consiste nel pensar bene come qualità del retto rapporto con la realtà, ciò che il cristiano deve massimamente temere è allontanarsi dall'autentica dottrina della fede, condizione del retto rapporto con Cristo, destino dell'uomo. Ecco perché per i pastori della Chiesa, più grave di ogni sbaglio nel comportamento, è la colpa di deflettere, di deviare dalla retta dottrina e di non custodire integralmente la verità della fede in Cristo. E come l'umanità ha bisogno innanzitutto di un buon rapporto con la realtà e, di conseguenza, di un'adeguata capacità di pensare bene, così la massima modalità di amore per l'uomo è la professione integra della vera fede dalla quale i pastori della Chiesa non possono separarsi senza conseguenze drammatiche per il mondo intero. Questo *sarebbe* il vero dramma per il mondo intero.

Ha colpito l'atteggiamento di subalternità da parte dei pastori nei confronti del potere politico e il mutismo a cui ci si è auto-condannati a seguito dei provvedimenti governativi, una condotta in buona misura coerente con l'omologazione culturale e che può ben rappresentare l'archetipo di ogni massificazione (come è sovente capitato nella storia, i fedeli, spesso i più semplici, hanno dato prova di maggiore coraggio, ad iniziare dalla comprensione del comunismo).

C'è stata, dunque, da parte dello Stato una grossolana intromissione regolatrice in campo liturgico e nelle scelte della coscienza dei singoli credenti. Si dovrebbe dire che, in qualche modo, sia stato leso il principio della *libertas Ecclesiae*. Il significato dell'espressione parrebbe ovvio, ma la libertà della Chiesa non si esaurisce nella rivendicazione di quell'aspetto fondamentale dei diritti naturali costituito dalla libertà di associazione e dalla libertà di culto. La *libertas Ecclesiae* è molto più profondamente quella condizione propria e originale dei cristiani e della loro presenza in questo mondo, della loro azione nell'ambito temporale. È «il principio fondamentale nelle relazioni tra la Chiesa e l'intero ordinamento civile» (Concilio Vaticano II). Se le guide del popolo cristiano, nei loro appelli genericamente etici, da tempo dimostrano di non aver chiaro cosa significhi «questo principio fondamentale» e cosa comporti questo criterio in ambito politico, è anche vero che negli ultimi convulsi frangenti sarebbe stato ancor più arduo intuire a cosa conduca il processo di erosione della libertà.

Ecco, dunque, perché difendere la *libertas Ecclesiae* significa lottare per la libertà di tutti mentre abituarsi ad accettare l'insindacabilità dell'azione dei poteri politici significa attribuire al governo prerogative pericolosamente estese. La *libertas Ecclesiae* deve, invece, tendere al diritto e alla pretesa di un'indipendenza reale. Diversamente si scivola verso forme di subalternità con una priorità dello Stato sulla Chiesa che si traduce, in termini liberali, nello schiacciamento della vitalità sociale ad opera della sovranità politica.

Questo nuovo interventismo statale nella vita della Chiesa (arrivando a disciplinare la stessa liturgia) rappresenta un precedente davvero molto pericoloso. Non certamente nuovo nelle abitudini del potere politico, ma comunque particolarmente rischioso per la inedita remissività da parte della Gerarchia (condivisa dai preti progressisti e dai laici cosiddetti maturi). Se questa condiscendenza può apparire ad alcuni (non pochi) come una prova di apertura alle esigenze del tempo e di generosa disponibilità a collaborare al "bene comune", poco si considera quanto questa intrusione regolatrice sia gravida di conseguenze.

Se la prima conseguenza è la già richiamata svendita del principio della *libertas Ecclesiae*, un altro effetto, direttamente correlato, è la perdita di senso critico nei confronti del potere politico. Ciò che nel lontano passato ha rappresentato una condizione di autentica maturità per il laicato cattolico, la nuova emergenza sanitaria ha provveduto a conculcare ulteriormente. Da quando poi il senso critico verso l'esterno e, in particolare, verso lo Stato si è trasferito verso l'interno – esercitandosi furentemente, ma assumendo il suadente nome di "contestazione profetica" – è iniziata l'auto-demolizione delle certezze.

Un atteggiamento che si manifesta, contestualmente, nella messa in discussione di ciò che dovrebbe essere patrimonio della fede e nella duttilità dialogante nei confronti della cultura prevalente. Un caro amico, il brillante avvocato napoletano Giovanni Formicola, a proposito della mansuetudine con cui le guide della Chiesa hanno passivamente accolto i recenti protocolli, in una mail mi scriveva: «è l'ennesima manifestazione del tono ecclesiale dominante, per il quale non solo il conflitto, non solo la polemica sono da evitare, sono male, ma pure la semplice disputa. E così la più elementare e dovuta apologetica *pro libertate* (figuriamoci quella *pro exaltatione*) *Ecclesiae* viene accuratamente evitata. Anzi, chi ci prova "fa ideologia", e va condannato. Lui sì, senza misericordia». Questa permeabilità a tutto ciò che viene propinato, questa acritica passività legittimata dal nobile proposto del dialogo ad ogni costo e dal superiore principio della ricerca della pace produce una auto-demolizione a volte anche silente ma sempre corrosiva.

Quel che è risultata compromessa è la libertà di culto e ciò non dovrebbe essere avvertito come problema solo dai credenti. Se, infatti, per questi ultimi la liturgia rappresenta il cuore stesso della fede (penso al significato della veglia pasquale introdotta dalle parole dell'antico inno: «*nihil enim nobis nasci profuit, nisi redimi profuisset* - nessun vantaggio per noi essere nati, se lui non ci avesse redenti»), per i non cristiani lo sconfinamento da parte dell'autorità politica dovrebbe essere comunque percepito come un grave *vulnus* alle libertà individuali.

Ma la Gerarchia cattolica si è piuttosto preoccupata di farsi apprezzare per la propria disponibilità a sottomettersi. Ed ancora una volta, con il comodo ricorso al bene comune, si è giustificato ogni genere di esproprio. Così, nonostante le sembianze di protettrice dei poveri, la ricerca del consenso pone la Chiesa nella condizione di dipendere anche dal plauso del potere politico.

Applauso mediatico e plauso del potere, in realtà, sono molto più intrecciati di quanto non si voglia far apparire. Lasciarsi condurre dalla ricerca del consenso rende pusillanimi nei confronti di coloro che esercitano il potere nelle sue varie forme.

Se per persecuzione si intende unicamente quella che provoca la morte (come, comunque, avviene in tante altre parti del mondo islamico e continua ad avvenire in Cina), potremmo ritenere, allora, che dalle nostre parti – in quello che, genericamente, definiremmo "Occidente" – la professione della fede non comporta il rischio dell'effusione del sangue. Neanche credo che, in questo momento, si debba temere il prolungamento della lunga, lunghissima serie di precedenti storici di attentati all'autonomia della Chiesa da parte del potere temporale (dal cesaropapismo a Giuseppe II, da Enrico IV alla Costituzione civile del Clero, da Anagni a Porta Pia). Non lo credo perché la Chiesa ha fatto propria la premessa laicista: la riduzione della fede alla dimensione strettamente privata.

Attenuare sino a far lentamente scomparire la essenziale identità come caratteristica della visibilità nella storia mette al riparo da ogni contrasto, aggira ogni occasione di conflitto ed evita ogni possibile rischio di persecuzione. La riduzione del cristianesimo a sentimento e, pertanto, a qualcosa di puramente privato non solo non genera contrapposizioni con il potere, ma suscita da parte di questo un sempre piacevole apprezzamento. Sposare la prospettiva intimistica comporta il tramonto della cristianità e la rinuncia ad essere *anche* forza sociale. Consente di godere di un alto indice di gradimento e di un largo consenso effetto dello smussamento delle differenze sino alla scomparsa di queste. All'unico prezzo di compromettere la realtà dell'Incarnazione del Verbo.

Ci si guarda bene dal nominare Dio ritenendo la fede un problema (e, come tale, rigorosamente da non sollevare) o supponendo il secolarismo una dimostrazione di maturità istituzionale (e, come tale, da accrescere sempre più). In realtà l'alternativa al riconoscimento del Creatore è solo la convinzione dell'onnipotenza del Leviatano, del nuovo Salvatore, e più si esilia Dio dal mondo, più si attribuisce allo Stato il potere di risolvere i problemi. Parafrasando lo scrittore inglese Gilbert Keith Chesterton, si può ben affermare che il primo effetto dell'ateismo è la fede cieca nelle capacità dello Stato. Si ritiene che nominare Dio sia attitudine dei retrivi e censurarne il richiamo sia prova di imparzialità, in realtà la decadenza di un popolo si manifesta in questo mancato riconoscimento di umiltà e nella correlativa divinizzazione dello Stato. È vero che «lo spazio lasciato libero da Dio viene occupato dallo Stato».

Quanto appena detto sull'ostentato "agnosticismo" dei politici rientra tra le conseguenze contenute nella condiscendenza e nella tiepidezza dimostrata dalla Chiesa. Tra queste conseguenze ve n'è una – indiretta – che si presenterebbe come una spiritosaggine, ma che descrivo con toni riflessivi. Qualche anno fa, Nicola Bux diede alle stampe un libro sulla liturgia con un titolo felicemente ironico: *Come andare a messa e non perdere la fede*. Eh sì, perché considerando come generalmente si svolgono le liturgie e come generalmente si tengono le omelie il rischio di perdere la fede, per una persona di media saggezza, è davvero alto.

Venendo meno la coscienza della propria identità, per il cristiano è forte la tentazione di rinunciare a dare un significato anche pubblico al riconoscimento dell'Incarnazione e della Resurrezione di Gesù Cristo. Con l'effetto di essere facile preda del potere. E se la desacralizzazione e il ridimensionamento del potere politico furono le grandi conseguenze dell'influenza pubblica del Cristianesimo, il tramonto di questa influenza ha generato il processo contrario. Scriveva il cardinale Joseph Ratzinger: «quando la fede cristiana [...] decade, insorge il mito dello Stato divino, perché l'uomo non può rinunciare alla totalità della speranza [...]. Il rifiuto della speranza che è nella fede è, nel tempo stesso, un rifiuto al senso di misura della ragione politica. [...] Il primo servizio che la fede fa alla politica è dunque la liberazione dell'uomo dall'irrazionalità dei miti politici, che sono il vero rischio del nostro tempo».

A fronte di un'Europa afflitta da allergia per tutto ciò che richiama la Cristianità, una sorprendente testimonianza ci giunge davvero inaspettatamente dalla Cina, il grande paese comunista da cui è giunto il virus. Quanto il lievito evangelico sia all'origine della fioritura della civiltà è attestato da coloro che non sono prigionieri del pregiudizio e dell'ideologia e così può capitare che un intellettuale cinese – che ha preferito rimanere anonimo, ma che è stato identificato come «uno dei più prestigiosi studiosi del Paese» riconosca: «una delle cose che ci è stato chiesto di indagare è che cosa ha permesso il successo, o meglio, il primato dell'Occidente su tutto il resto del mondo. Abbiamo studiato tutte le possibilità da un punto di vista storico, politico, economico e culturale. All'inizio abbiamo pensato che fosse perché voi avevate armi più potenti delle nostre. Poi abbiamo ritenuto che voi aveste il sistema politico migliore. In seguito ci siamo concentrati sul vostro sistema economico. Ma negli ultimi vent'anni abbiamo compreso che il cuore della vostra cultura è la vostra religione: il cristianesimo. Ecco perché l'Occidente è così potente. Le basi morali cristiane della vita sociale e culturale sono state ciò che ha permesso l'emergere del capitalismo e poi la riuscita transizione verso politiche democratiche. Non abbiamo alcun dubbio in proposito». Molti, invece, sono i dubbi che albergano all'interno della Chiesa di oggi.

Una voce evanescente

Su un mondo sazio e opulento, distratto e spensierato si è abbattuto un cataclisma apocalittico destinato a dividere l'intera storia dell'umanità tra un prima e un dopo... No, io non inizierei così. Affatto. Se questi sono i toni spesso utilizzati dai media anche per ragioni proprie del sensazionalismo giornalistico, io – che pure non mi sono riconosciuto nella posizione "negazionista" e che pure ho considerato estesissime e dannosissime le ricadute politiche ed economiche – nutro una ben diversa concezione di ciò che ci è capitato con la diffusione del coronavirus. Nel momento in cui scrivo l'epidemia è tutt'altro che debellata; nuove ondate potranno sopravvenire e molti patimenti potrebbero ancora abbattersi su questa "valle di lacrime".

Innanzitutto il mondo che abbiamo conosciuto sino a febbraio (anno 2020) non era né sazio né spensierato. Distratto sì, ma certamente non un mondo tranquillo che il virus ha sconquassato; era già abbondantemente fracassato. Ovviamente la pandemia non lo ha guarito in nessun aspetto ed ha indubbiamente aggravato tutto. Ma la situazione determinata dal virus – situazione che pure ricorderemo a lungo per le sue devastanti conseguenze, sperando non ci siano motivi per essere eclissata da eventi peggiori – per essere integralmente intesa dev'essere anche sanamente relativizzata.

La vera tragedia per l'uomo sarebbe l'assenza di risposta ai suoi problemi. La tragedia non è costituita dalla problematicità dell'esistenza terrena, ma da una mancata risposta ad essa. L'uomo si confronta con le sue esigenze e con le sue carenze, imbattendosi, così, nel dramma della sua esistenza. La solitudine, il dolore, la noia. La malattia, la sofferenza, la morte. Il senso di impotenza manifesta, dunque, la tragicità della condizione umana. È questa l'angoscia esistenziale dell'uomo, ma ad essa è stata data risposta. Cristo è il destino dell'uomo. Ecco, allora, perché nascondere la verità, oscurare *questa* Verità («Io sono la verità...») significa commettere il maggiore crimine. Conservarsi in questa Verità è, invece, ciò che la Chiesa chiama retta dottrina, *ortodossia*.

È una Verità che vale sempre e vale anche in epoca di epidemia. Ma in questo contesto, la Chiesa sembra aver invertito il criterio evangelico soggiacente alle parole di Gesù: ciò che ho provato a interpretare come invito a non farsi raggirare dalle opinioni correnti e come dovere a saper elevarsi rispetto alle contingenze. Se accogliere il primo invito eviterebbe un'impropria amplificazione dell'emergenza pandemica – amplificazione propria di chi cede al sensazionalismo emotivo – obbedire al secondo appello consentirebbe di sottrarsi ad un'immersione nella pura attualità con il rischio di cadere vittime del pressappochismo secolarista.

Per ciò che riguarda l'epidemia si potrebbe dire che occorreva, da un lato, evitare di accodarsi nella corsa ad enfatizzare il pur grave problema e, dall'altro, esprimere parole che fossero realmente di aiuto a questa povera umanità. Relativizzare equilibratamente la pandemia, come già accennato, e facendolo alla luce dell'intera storia (in passato si sarebbe detto *sub specie aeternitatis*), non comporta affatto tacere o non interessarsi dell'attualità; anzi implica dare una lettura del presente con parole significative per aiutare gli uomini a saper discernere secondo verità anche gli elementi estremamente contingenti.

Mi sembra, invece, che nella Chiesa ci si sia impegnati a fare il contrario e cioè si sia scrupolosamente evitato di offrire barlumi e segni di trascendenza e si sia abbondato in suggerimenti tecnico-sanitari.

La Chiesa che vuole apparire, quasi ad ogni costo, solidale con le realtà secolari – ciò che già la tradizione neotestamentaria chiamava il "mondo", il *saeculum* – si cala talmente nell'immanenza da assumere di questa non solo forme e aspetti, ma anche mentalità e concezioni. E, così, nel tempo dell'epidemia, la Chiesa dalla quale ci si attendeva una testimonianza di certezze immutabili e di verità intramontabili ha espresso se stessa, prevalentemente, in termini di "condivisione" e di "solidarietà".

In luogo di un giudizio schietto ed evangelico – dopo tanto parlare, dopo innumerevoli documenti, convegni, sinodi, assemblee, direttive, tutto all'insegna del rinnovamento e dell'efficacia *pastorale* (o, forse, esattamente a causa di tutto ciò) – vi è stata un'incapacità ad esprimere parole vere, parole autentiche. Si potrebbe dire: parole "cristiane", parole "cattoliche".

Specificamente, la comunicazione del Papa sembra oscillante tra due poli: da un lato, la enfatizzazione della situazione sanitaria e, dall'altro, la permanente attenzione rivolta a problematiche sociali di per sé non estranee alla morale, ma trattate con una prospettiva talmente immanente da apparire come temi e contenuti secolarizzati e alternativi alla fede cattolica tradizionale.

Si potrebbe scorgere, in queste due caratteristiche, il rivoluzionamento del criterio evangelico prima provato a delineare. Sotto un aspetto, infatti, l'epidemia è stata elevata ad evento che sovrasta ogni altra preoccupazione "intra-ecclesiale" rinnegando quella "relativizzazione" delle fasi della storia quando queste vengono inserite in un orizzonte escatologico – *eterno*, se si preferisce – ; oltretutto, e qui vengo all'altro aspetto, i temi sociali sono riproposti con tale centralità e rilievo da sostituire i contenuti stessi della fede. Alla mancata collocazione della pagina del coronavirus nel libro del cammino verso l'eternità (ciò che ho indicato come la "sana relativizzazione" cristiana), si alterna – a suo modo coerentemente – un'assolutizzazione di questioni puramente contingenti.

La pandemia, quindi, non dissimilmente da tante altre significative prove per la Chiesa, ha rappresentato molto più che aspetti occasionali – in questo caso, disposizioni sanitarie applicate alla liturgia. Infatti con essa molto si è manifestato della fede, sollevando il velo su realtà ben più profonde di quelle legate all'emergenza. È l'"aggiornamento" della fede a dimostrarsi rovinoso tanto più per il fatto di rivelarsi inadeguato proprio nel confronto con le realtà terrene che pure la Chiesa voleva rincorrere. Ad essere in discussione è la cosiddetta Chiesa moderna che intende inserirsi talmente nella modernità da esservi accomunata in ciò che questa ha di più peculiare: la perdita di tutti i riferimenti oggettivi e la fobia verso il concetto stesso di verità. Con il conseguente oblio di tutto ciò che il catechismo tradizionale definiva "le cose ultime", le realtà definitive.

Dinanzi alla situazione attuale, è comprensibile la tentazione di rifugiarsi in una nostalgia per un passato nel quale la Chiesa sembrava essere un baluardo e un giardino, un baluardo verso l'esterno per la difesa della civiltà contro ogni minaccia e un giardino all'interno per consentire ai propri membri di godere in modo cristallino della verità della fede (il cosiddetto *depositum fidei*).

Sembra che ci sia una ben netta linea di demarcazione tra la Chiesa del passato e quella del presente. Sarebbe certamente semplicistico pensare alla fede del passato circoscritta tutta a sacramenti e processioni, tutta tesa alla dimensione della dottrina e della "verticalità" e alla Chiesa del presente tutta impegno sociale e organizzazione umanitaria, protesa solo a ritagliarsi uno spazio nel mondo con istanze puramente "orizzontali" e filantropiche. Tuttavia ci troviamo dinanzi a due prospettive non propriamente complementari perché in quella antica la fede trascendente quasi schiacciava la secolarità, mentre nella prospettiva moderna il sentimento sembra dissolvere i contenuti essenziali del cristianesimo.

Ma non bisogna considerarsi inappellabilmente costretti a scegliere tra questi due "eccessi", due atteggiamenti comunque parziali:
da un lato la focosa pietà della predicazione del passato, dall'altro
l'evanescenza della Chiesa contemporanea. Due atteggiamenti in cui
ciascuno abbandona qualcosa di irrinunciabile: da un lato la fede
che rischia di ricusare la ragione per amore della pietà, dall'altro lo
smarrimento dell'identità cristiana addomesticata e rimodellata secondo le mode del momento. Per essere una presenza significativa,
anzi *la* presenza indispensabile, è tutt'altro che necessario perseguire
alcune esagerazioni o incorrere in un qualche cedimento.

«Voi siete il sale della terra; ma se il sale perdesse il sapore, con
che cosa lo si potrà render salato? A null'altro serve che ad essere
gettato via e calpestato dagli uomini» (*Mt* 5,13); è, questa, l'esortazione che Gesù rivolge ai suoi discepoli. Non occorre molto per
capire quanto sia impegnativa tale missione. E per poter essere fedeli a questo mandato non è neanche troppo difficile capire che si
deve evitare tanto di supporre di poter trasformare il mondo in una
salina quanto di presupporre che il mondo sia già sapido a sufficien-
za. Le molte obiezioni rivolte alla Chiesa moderna non giustificano
una visione edulcorata del passato cristiano. Infatti, non ci sono
età in cui la Chiesa non abbia mostrato il suo volto di peccato e di
rughe. Contro i miti tradizionalisti occorre riconoscere che non
c'è stato un passato illibato e contro le utopie moderniste occorre
ammettere che non c'è un presente innocente. Il passato non è da
rinnegare, ma neanche da esaltare e il presente non è da subire,
ma certo non è da idolatrare. Se la Chiesa del moderno presente
si svilisce in un sentimento solidale e triste, generoso e vuoto, la
Chiesa del passato si esprimeva in una fede barocca, spesso bigot-
ta, pesante e opprimente. All'eccesso di forme del passato, forme
cariche di moralismo e devozionismo, subentra oggi l'allergia per
ogni forma in nome di un inconsistente sentimentalismo e di vaghi
e vuoti valori universali.

Non è un paradosso; è piuttosto una nemesi, cioè una circostanza in cui si rivela ciò che era nascosto. Non è, quindi, un caso che
una Chiesa che voglia essere ambientalista, che sia in prima linea
nel pretendere l'accoglienza degli immigrati sia, poi, incapace di

parlare di Dio e... della morte. Cioè, di ciò a cui l'uomo è chiamato e della grande fragilità che sempre l'essere umano sperimenta. Se sembra – ovviamente, la pandemia ha solo palesato il problema – che la Chiesa non abbia molto da proclamare sui grandi problemi esistenziali dell'uomo, questo silenzio significherebbe il tradimento stesso del mandato di Cristo che si è unito agli uomini nella loro sofferenza, che ha unito gli uomini alla sua morte e li ha resi partecipi della resurrezione e della vita.

Ricordo che papa Francesco si lamentò del cattivo rapporto tra gli uomini e la Terra. Ciò è vero, ma in chiave cosmologica – non, come sostiene il Papa, in chiave ecologica – e in chiave antropologica, non dissimilmente dal cattivo rapporto tra l'essere umano e il proprio corpo. Ma dove la relazione raggiunge la massima conflittualità è con la realtà della morte. Non c'è, infatti, alcuna realtà problematica come la morte ed è di fronte alla morte che l'uomo si sente solo. Correggendo papa Francesco, dobbiamo dire che è innanzitutto nei confronti della morte che l'essere umano ha bisogno di sanare il proprio rapporto. Difatti, «in faccia alla morte l'enigma della condizione umana raggiunge il culmine» (Concilio Vaticano II).

Vorrei ancora rendere merito a Vittorio Messori dai cui scritti trassi i primi nutrimenti del mio ormai lungo cammino di studio. Dopo il *best-seller* con cui lo scrittore cattolico salì alla ribalta, Messori diede alle stampe il suo secondo grande successo, *Scommessa sulla morte*, una serie di riflessioni sulla "proposta cristiana" a partire dall'interrogativo sulla morte. «Ci è capitata una curiosa avventura: avevamo dimenticato che si deve morire»; con questa frase di Pierre Chaunu, un grande storico francese, si apre il libro a proposito del quale Messori raccontava l'obiezione dell'editore – che pure lo aveva sollecitato a scrivere – perché la parola "morte" non comparisse nel titolo.

Quanto più si prova ad esorcizzare il problema della morte, tanto più esso si dimostra centrale. D'altra parte si tratta di un tema da un lato insopprimibile ed inesausto dall'altro tremendo e spaventoso. Il problema della morte è davvero la *magna quaestio* dell'uomo e, quindi, il grande problema dell'intera storia. Esso è insopprimibile perché, per quanto lo si censuri e lo si rimuova, riemerge sempre e comunque: è vero, infatti, che «l'uomo non è tormentato solo dalla sofferenza e dalla decadenza progressiva del corpo, ma anche, ed anzi, più ancora, dal timore di una distruzione definitiva» (Concilio Vaticano II). Inoltre il grande problema è tremendo per l'impossibilità di darvi soluzione al di fuori di Dio: «due sono le cose che non possono essere guardate fissamente: il sole e la morte» (è questo un aforisma – piuttosto noto – attribuito a François de La Rochefoucauld, lo scrittore francese del XVII secolo). Ma «qual è il significato del dolore, del male, della morte, che continuano a sussistere malgrado ogni progresso?» (Concilio Vaticano II).

Con l'approssimarsi della propria morte, l'interrogativo sconvolge l'uomo, anche la persona che sino a quel momento aveva avuto una qualche possibilità di comoda occultazione In alcuni momenti – in occasione di guerre, carestie, terremoti – il problema della morte non riesce ad essere rinviato in quanto "morte degli altri" perché investe ciascuno ed essa viene avvertita, a causa della prossimità, come ormai propria. Così è avvenuto durante le epidemie che hanno decimato le popolazioni e così è avvenuto anche in epoca di coronavirus. Infatti – come ha recentemente scritto uno storico delle origini cristiane – «la pandemia di Covid-19 che sta terrorizzando tutti non è la prima causa di morte in assoluto e probabilmente non lo sarà neanche in futuro, nonostante il suo paventato sviluppo. Sul nostro pianeta gli uomini muoiono di più per un insieme di mille altre ragioni, ogni anno a decine e decine di milioni. Il che non ci angoscia perché si tratta, per così dire, della morte degli altri. […] La morte da coronavirus, invece, è la nostra morte. Quella che in qualunque momento e a dispetto di ogni cautela potrebbe toccare a me e a te. Il virus invisibile e ubiquo fa accadere, come possibilità universale, la costante imminenza della mia morte» (Leonardo Lugaresi).

Rispetto al passato più o meno remoto c'è, ora, un'aggravante. Questa è data da quella particolare condizione dell'uomo contemporaneo che chiamiamo "modernità", cioè il clima culturale nel quale l'uomo postula la negazione della trascendenza o la insignificanza di ogni appello alla stessa o l'autonomia rispetto ad ogni richiamo di essa. Ateismo, agnosticismo, laicismo, quindi, rappresentano il tratto caratteristico dell'allergia dell'uomo moderno nei confronti della rivelazione cristiana e se questa insofferenza coincide con la raggiunta maturità, il terrore del "teo-fobico" uomo moderno per la sofferenza, per le malattie, per la morte indica non solo una drammatica flessione della tenuta psicologica rispetto ad un passato "religioso", ma lo svelamento della disonestà della promessa contenuta nei caposaldi della cultura moderna.

Una buona (e serena) apologetica potrebbe e dovrebbe partire innanzitutto dall'analisi di un clima culturale che non solo gli uomini di Chiesa non hanno più osato mettere in discussione, ma che hanno anche ampiamente respirato e assimilato. E se la Chiesa sembra avere nulla, o comunque poco, da annunciare intorno alla morte, ciò è dovuto innanzitutto a questa omologazione. Tornare a proclamare la verità sull'uomo, comporterebbe anche svincolarsi da questo connubio soffocante.

Se il rifiuto della natura umana così com'essa è fa parte della complessiva crisi di fede, si comprende anche come la debolezza fisica, propria della condizione umana, può essere rischiarata solo in colui che ha redento tutto l'uomo. Se manca questa luce, la malattia è solo un incomprensibile incidente e non uno stato ordinario in cui ogni uomo viene a trovarsi. Il tema della malattia è il tema della morte ed insieme si innestano inestricabilmente nel tema della vita e della resurrezione espressa nel Vangelo di Cristo. Oltretutto, la morte – con la sofferenza e la malattia – stanno lì, ostinatamente, a ricordare che l'uomo è tutt'altro che onnipotente e che la sua maggiore capacità la esprime nel riconoscere la propria creaturalità.

La Chiesa avrebbe potuto e dovuto esprimersi controcorrente. Non occorre gridare al castigo di Dio per aiutare gli uomini a comprendere che, senza distogliere l'attenzione dalle emergenze, la preoccupazione maggiore dev'essere rivolta ad altro. E tra questo "altro" occorre menzionare gli eventi che – anche subendo le incomprensioni – rischiano di non essere sufficientemente interpretati nel loro reale peso: così come lo sterminio taciuto dei bambini mai nati a causa delle legislazioni abortiste, così come il silenzioso massacro di tanti cristiani in molte aree del mondo, così come la islamizzazione dell'Occidente, così come la scristianizzazione, ormai non più strisciante, ma manifesta, aperta ed arrogante.

Se è vero che il coronavirus va svestito del carattere omni-coinvolgente che gli è stato attribuito anche teologicamente (o, almeno, "pastoralmente"), è anche vero che l'epidemia costringe l'intera umanità ad imbattersi nel problema della sofferenza e della malattia, nel problema dell'infermità e della morte. E se è vero che non c'è mai stata alcuna esperienza religiosa che non abbia provato a spiegare il dolore e la morte, è ancor più vero che solo la rivelazione cristiana strappa i limiti fisici dell'uomo dalla gabbia dei miti tragici per mettere questi limiti in relazione con un destino che si compie già nella carne precaria e temporanea. Solo la rivelazione cristiana riconosce fino in fondo la dignità delle leggi naturali e il compito a scrutarne la intelligibilità.

Come la malattia e la morte, anche il virus non mette affatto in crisi la certezza della bontà e della provvidenza di Dio ma, al contrario, dà un'ulteriore prova dell'Incarnazione, insostituibile strada per unire la condizione creaturale al destino ultimo, vocazione di ciascun uomo. Se la ricerca di Dio percepito come buono e provvidente accompagna l'esperienza umana resa autentica dall'uso della *ragione*, l'Incarnazione del *Logos*, del Verbo di Dio, rivela «la via» cristiana in un'irripetibile specificità: «la via», unica, costituita da Cristo vero uomo e vero Dio che sana ed eleva la nostra natura umana unendola alla sua natura divina, che rende intelligibile la nostra natura umana avendola pienamente assunta e, da quel momento del tempo, rendendola inseparabilmente congiunta a quella di Dio.

La Chiesa che si presenta senza confini e senza muri, tutta protesa verso l'esterno, libera da ogni regola dottrinale, si smorza e subisce una emblematica chiusura, una chiusura tutt'altro che metaforica. Uno *status* che, ribaltando la frase di Giovanni Paolo II, sembra farle sinistramente gridare: «chiudete le porte a Cristo».

Il superamento delle certezze intramontabili e delle verità immutabili comporta un'immediata omologazione alla mentalità corrente o, per usare un'immagine sanitaria, un pauroso calo delle difese immunitarie con conseguente contagio della peggiore patologia che può colpire chi è chiamato ad essere «sale della terra e luce del mondo» (*Mt* 5,13-14) e cioè perdere sapore e luminosità. È questa la situazione della cattolicità odierna? Certamente è la domanda

che pastori e laici debbono porsi per essere fedeli al mandato del
Maestro e per evitare di soccombere tra gli eventi della storia. E
per non dimenticare che questi passano molto più velocemente di
quanto ci si immagini mentre ciò che permane immobile sempre è
solo la croce di Cristo. È la verità espressa anche nell'antico motto
certosino «*stat Crux dum volvitur orbis*»: mentre il mondo gira – e
spesso vorticosamente – solo la croce di Cristo rimane stabile ad
indicare il destino ultimo e vero di questa affaticata e sbandata umanità. Se la Chiesa non esprimesse più tutto ciò, sarebbe come sale
senza sapore e fiaccola senza luce.

Recensioni

A proposito di *Libertà e coronavirus. Riflessioni a caldo su temi sociali, economici, politici e teologici* (2020)...

«Il più importante libro scritto sull'argomento (ne ho letti una cinquantina), da studiare anche quando l'"emergenza" sarà terminata».
  • Alessandro Monese, sceneggiatore cinematografico (Roma)

«Di Martino ci ha fatto un regalo straordinario scrivendo questo libro che io consiglio assolutamente a chiunque. Odio le sviolinate, ma questo libro è straordinario, semplicemente straordinario. È un libro denso, ma assolutamente scorrevole, straordinario, illuminante».
  • Lorenzo Maggi, presidente di Lodi Liberale e vice sindaco (Lodi)

«Consiglio calorosamente di leggere il libro. Lo si legge d'un fiato, proprio per il carattere appassionante del libro».
  • Roberto Festa, università di Trieste (Modena)

«Di Martino, con il suo libro *Libertà e coronavirus*, offre un contributo molto, molto importante, decisivo, alla comprensione di quanto abbiamo vissuto e stiamo vivendo. Se posso dare un consiglio: leggetelo, perché non ci possiamo permettere di vivere questo tempo così speciale, così particolare, passivamente. E questo lavoro di don Beniamino è di grande aiuto per prendere coscienza di ciò che stiamo vivendo, di ciò che si verifica ai nostri giorni, sotto i nostri occhi. Al centro del suo libro c'è la riflessione sulla libertà».
  • Aldo Maria Valli, già vaticanista TG1 RAI (Roma)

«Non sono riflessioni a caldo come dichiara in copertina, ma freddissime, come la lama della spada. Sono riflessioni geometriche che si tengono insieme senza forzature nel chiaro orizzonte impersonato dall'autore, che ben si intrecciano per metodo d'indagine, raffinata ironia e riuscite metafore. Di Martino ci mostra i luoghi dove la libertà si nasconde per ritrovarla, sceglierla di nuovo e ancora! Non so perché, o forse sì, ma questo libro mi fa risuonare nella mente le campane a festa della *Cavalleria rusticana*».
  • Nicoletta Di Giovanni, docente e responsabile dipartimento Scuola di Rete Liberale (Roma)

«È il libro di uno storico, un pensatore, un filosofo, un appassionato cultore di scienze sociali, un libertario seguace degli autori di Scuola Austriaca. Le sue ampie riflessioni, benché ramificate e corroborate da una straordinaria bibliografia, anelano a condensarsi nel frutto di una visione complessiva».

- Pietro De Luigi, pianista (Lodi)

«Nel libro si condensa e prende forma tutto ciò cui oggi stiamo rinunciando in nome della difesa della salute. Le libertà sospese rivelano una mania del controllo che l'autore ci svela senza indugi».

- Riccardo Lucarelli, presidente di Rete Liberale (Roma)

«Ho trovato il libro prezioso, puntuale, meritevole di frequenti ulteriori letture».

- Carmine Napolitano, primario chirurgo (Salerno)

Nota Biografica

Beniamino Di Martino è sacerdote cattolico. È direttore di «StoriaLibera. Rivista di scienze storiche e sociali» (www.StoriaLibera.it) ed ha collaborato con alcune istituzioni universitarie. Al momento, è autore di oltre 60 saggi e articoli di natura scientifica e dei seguenti libri: *Note sulla proprietà privata* (2009), *Il volto dello Stato del Benessere* (2013), *I progetti di De Gasperi, Dossetti e Pio XII* (2014), *Rivoluzione del 1789. La cerniera della modernità politica e sociale* (2015), *Benedetto XIII nella "Storia dei Papi" di Ludwig von Pastor* (2015), *Povertà e ricchezza. Esegesi dei testi evangelici* (2016), *La Prima Guerra Mondiale come effetto dello "Stato totale". L'interpretazione della Scuola Austriaca di economia* (2016), *La Dottrina Sociale della Chiesa. Principi fondamentali* (2016), *"Conceived in liberty". La contro-rivoluzione americana del 1776* (2016), *La virtù della povertà. Cristo e il cristiano dinanzi ai beni materiali* (2017), *Stato di diritto. Divisione dei poteri. Diritti dell'uomo. Un confronto tra dottrina cattolica e pensiero libertario* (2017), *La Dottrina Sociale della Chiesa. Sviluppo storico* (2017), *"Rerum novarum". Due prospettive liberali sulla proprietà e la libertà* (con Robert A. Sirico, 2018), *La Grande Guerra 1914-1918. Stato onnipotente e catastrofe della civiltà* (2018), *Per un Libertarismo vincente. Strategie politiche e culturali* (2019), *Libertà e coronavirus. Riflessioni a caldo su temi sociali, economici, politici e teologici* (2020), *Stretto nel fascio. Nazi-fascismo contro l'individuo* (2021), *Marca di confine. La guerra d'Ucraina tra Russia, NATO e Cina* (con Gaetano Masciullo, 2022) e *Stato e Covid. Minaccia alla libertà* (2022).

«Colto e puntuale, don Di Martino ha il raro pregio di unire ortodossia dottrinale, lucidità intellettuale, studio, nessun timor reverenziale verso il "politicamente corretto" e attenzione agli autori della scuola sia tradizionalista sia *libertarian* del conservatorismo statunitense»
- Marco Respinti, scrittore e studioso del pensiero americano (Milano)

«I libri di don Beniamino Di Martino sono come degli occhiali per leggere la realtà di tutti i giorni»
- Francesco Tedeschi, consulente finanziario (Bergamo)

«Don Beniamino è impareggiabile nelle sue analisi»
- Carmen Ambrosio, esperta di politica bancaria (Napoli)

«La Prudenza è una grande virtù propria delle persone i cui scritti si leggono sempre con grande piacere»

- Alessandro Ciuti, imprenditore (Varese - Manila)

«Tra i libri che ho letto di don Beniamino Di Martino, lo straordinario sacerdote non ne ha sbagliato uno»

- Mauro Gargaglione, manager informatico (Varese)

«Don Beniamino è una persona assolutamente unica che assomma in sé il coraggio delle idee (che è la virtù più importante che esista) e, come cattolico, il principio liberale (vero principio perché il primo liberale è stato il Padre Eterno che ci ha lasciato liberi)»

- Antonio Martino, economista, già ministro degli Esteri e della Difesa (Messina - Roma)